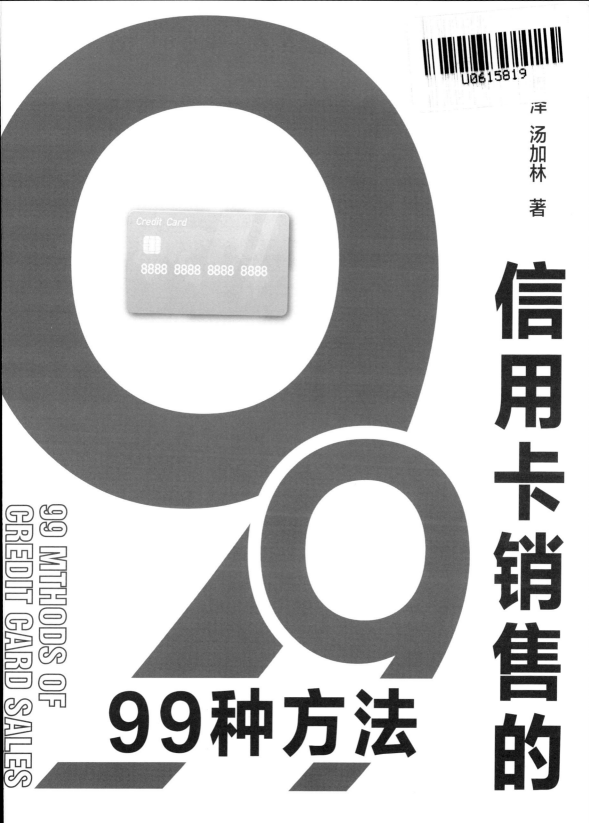

U0615819

洋

汤加林 著

信用卡销售的

99种方法

99 MTHODS OF
CREDIT CARD SALES

经济管理出版社

ECONOMY & MANAGEMENT PUBLISHING HOUSE

图书在版编目（CIP）数据

信用卡销售的 99 种方法 / 展银泽，汤加林著 . —北京：经济管理出版社，2023.1（2023.8 重印）
ISBN 978-7-5096-8943-1

Ⅰ.①信⋯　Ⅱ.①展⋯②汤　Ⅲ.①信用卡—销售—基本知识　Ⅳ.①F830.46

中国国家版本馆 CIP 数据核字（2023）第 021787 号

组稿编辑：杨国强
责任编辑：杨国强　白　毅
责任印制：许　艳
责任校对：张晓燕

出版发行：经济管理出版社
　　　　　（北京市海淀区北蜂窝 8 号中雅大厦 A 座 11 层 100038）
网　　　址：www.E-mp.com.cn
电　　　话：（010）51915602
印　　　刷：唐山玺诚印务有限公司
经　　　销：新华书店
开　　　本：720 mm × 1000 mm/16
印　　　张：11.5
字　　　数：144 千字
版　　　次：2023 年 3 月第 1 版　2023 年 8 月第 2 次印刷
书　　　号：ISBN 978-7-5096-8943-1
定　　　价：49.00 元

自　序

信用卡销售在国内有三十几年的时间了，信用卡作为一个新鲜事物在十几年前还是非常有市场竞争力的。十几年前国内的金融市场还是以企业客户为主，无论是公务员还是上班族，个人客户想要获得银行的资金都不是很容易。

早期的信用卡销售难度主要是如何找到客户并让客户办卡。随着时间的推移，信用卡行业也有了新的发展，信用卡不再是特定用户的福利。很多普通人也可以办卡了，有些银行对本地的"白户"都会批卡。信用卡的销售难度也在变大，以前是客户不了解信用卡，现在是客户的手里信用卡太多了。

我是2010年进入金融行业，2011年开始做信用卡销售业务的，也算是行业的老兵了。我见证了行业的起起伏伏与人员更迭。随着阅历的增加，我也想为信用卡直销行业做点事。国内有信用卡直销团队的银行有十几家，这些团队中有事业部的直销中心、属地管理的共建中心、分行的信用卡销售团队。大的银行信用卡部门多的有十几万人，少的有一两万人。

由于信用卡行业是新兴行业，关于信用卡销售的理论和方法也只是在同事之间口口相传。大部分银行信用卡中心采用派遣方式，人员流动大，工龄在一年以内的新员工占一半，甚至主管也都是不满一年的从业者。很多信用卡团队业绩都不是很理想。新员工入职时一般是安排两天时间进行培训，企业文化、产品知识、风险管理培训占去一大半时间，跟工作有关的信用卡销售方法和技巧只能由员工自己在实践中摸索。

我也是从新人过来的，因此深知大家工作的辛苦。由此我萌生了写一本信用卡销售方法书籍的想法，帮助信用卡中心管理人员做培训，帮助新人提高业绩，帮助老卡员做好转型。

信用卡销售方法很多，本书列举了 99 种销售方法，也许有人会问，为什么不是 100 种，或者 98 种呢？9 是个位数字中最大的数，99 就是很多的意思。销售方法就是举一反三，你不用学习每一招，只要学好用好一招就可以了。俗话说得好：一招鲜，吃遍天。

本人才疏学浅，书中难免有错漏之处，也就是起一个抛砖引玉的作用，给大家提一些平时老生常谈的方法，结合自己在实践中的案例，总结提炼一下。

欢迎大家对我书中的不足之处提出宝贵的建议。再次由衷地感谢我的家人对我工作的支持，感谢出版社编辑的努力工作，感谢过往同事和朋友对我的帮助，感谢广大客户对我的信任！

谢谢大家！

目　录

个人能力篇

第一章　基础技能······················· 3

　方法一　陌拜························· 3

　方法二　缘故法······················· 5

　方法三　展台驻点····················· 7

　方法四　电销························· 9

　方法五　转介绍······················ 10

　方法六　礼品······················· 12

第二章　场景······················· 14

　方法七　住所附近单位··················· 14

　方法八　银行附近单位··················· 16

　方法九　企事业单位食堂驻点················ 17

　方法十　企事业单位员工宿舍················ 18

　方法十一　地铁站驻点··················· 19

　方法十二　加油站驻点营销················· 20

　方法十三　超市驻点营销·················· 21

方法十四　厂门口驻点 ································· 22

方法十五　写字楼驻点 ································· 23

方法十六　专业市场办卡 ······························ 24

方法十七　产业园区办卡 ······························ 26

方法十八　商圈营销 ································· 27

方法十九　节假日和纪念日营销 ······················· 28

第三章　客群 ····································· 30

方法二十　机关事业单位 ······························ 30

方法二十一　银行保险证券 ···························· 32

方法二十二　医疗卫生（医院） ······················· 34

方法二十三　中小学教师（教师进修学校） ················ 36

方法二十四　大中专院校教职工 ······················· 37

方法二十五　个体老板 ································· 38

方法二十六　国有企业 ································· 40

方法二十七　四星级、五星级酒店 ····················· 41

方法二十八　公检法客群 ······························ 42

方法二十九　用卡的客户 ······························ 45

方法三十　年长的客户 ································· 46

方法三十一　同龄人 ································· 48

第四章　方法 ····································· 50

方法三十二　授信企业名单营销 ······················· 50

方法三十三　黄页营销 ································· 51

方法三十四　公交车坐到底 ···························· 52

方法三十五　扫街 ····································· 53

方法三十六　产品功能营销 ···················· 54

方法三十七　驻点营销 + 上门获客 ·············· 55

方法三十八　礼品营销 + 转介绍 ················ 56

方法三十九　缘故 + 团办营销 ·················· 57

方法四十　渠道营销（中介资源） ·············· 58

方法四十一　PC 互联网营销 ··················· 59

方法四十二　社群营销（车友会，俱乐部） ········ 60

第五章　技巧 ···································· 62

方法四十三　金元营销 ························ 62

方法四十四　会议营销 ························ 63

方法四十五　向上营销 ························ 64

方法四十六　区域营销 ························ 65

方法四十七　行职业营销 ······················ 66

方法四十八　饭局营销 ························ 67

方法四十九　聊天销售 ························ 68

方法五十　故事营销 ·························· 69

方法五十一　感情营销 ························ 70

方法五十二　公众号和视频号营销 ·············· 71

方法五十三　私域流量和企业微信营销 ·········· 72

方法五十四　搭档合作营销 ···················· 74

方法五十五　异地营销 ························ 75

方法五十六　二次营销 ························ 76

方法五十七　资源对接营销 ···················· 77

方法五十八　借势销售 ························ 78

方法五十九　团办营销 ························ 79

方法六十　　关系营销 ··· 81

方法六十一　下沉营销 ··· 85

方法六十二　师徒搭档营销 ··· 86

方法六十三　同行组团营销 ··· 88

方法六十四　企查查营销 ··· 89

方法六十五　裂变营销 ··· 93

方法六十六　谈判销售 ··· 95

方法六十七　社交营销 ··· 96

方法六十八　知识营销 ··· 97

方法六十九　话题营销 ··· 99

方法七十　　活动营销 ··· 100

方法七十一　强势营销 ··· 101

方法七十二　催眠营销 ··· 103

方法七十三　洗脑营销 ··· 104

第六章　心态 ··· 106

方法七十四　快乐营销 ··· 106

方法七十五　加班营销 ··· 107

方法七十六　过度营销 ··· 108

方法七十七　目标营销 ··· 109

方法七十八　合规营销 ··· 111

方法七十九　套路营销 ··· 111

方法八十　　自我营销 ··· 113

方法八十一　销售自己 ··· 114

方法八十二　心理优势营销 ··· 116

团队合作篇

方法八十三　主管带教 …………………………………………… 121

方法八十四　地推 ………………………………………………… 122

方法八十五　路演 ………………………………………………… 124

方法八十六　传帮带 ……………………………………………… 124

方法八十七　分组营销 …………………………………………… 126

方法八十八　项目营销 …………………………………………… 127

平台优势篇

方法八十九　行内数据库＋厅堂销售 …………………………… 131

方法九十　　商协会营销 ………………………………………… 134

方法九十一　代发工资 …………………………………………… 137

方法九十二　党建共建促发展 …………………………………… 139

方法九十三　合作商户 …………………………………………… 141

方法九十四　行领导和同事关系 ………………………………… 143

方法九十五　分行资源合作 ……………………………………… 144

番外篇

方法九十六　克亚营销 …………………………………………… 149

方法九十七　销售彦论 …………………………………………… 151

方法九十八　营销的野路子 ……………………………………… 153

方法九十九　晋升 ………………………………………………… 154

附录一　几次中小学校团办的经历…………………………… 157

附录二　公安局和派出所这类客户怎么办………………… 162

附录三　信用卡销售异议十问十答标准版………………… 164

后　记……………………………………………………… 171

个人能力篇

第一章　基础技能

方法一　陌拜

在所有产品销售里，信用卡算是最奇特的，信用卡不仅可以陌拜销售，而且也可以现场成交。当然了，跟信用卡相生相伴的支付产品——POS机也是可以陌拜销售的，这两种产品可以归为一类。

陌生拜访对于每个信用卡客户经理来说都是基本功，当然也有只做驻点销售的。

每个卡员都有一段心酸的办卡史，很少有小白卡员一上来就是陌拜的高手，都是经过一段时间的磨炼才逐渐地适应了陌拜的销售工作。

第一点是做陌拜要有一个心理的建设期，就是要适应陌拜这种工作模式。如果是扫街这种陌拜，难度应该还不是很大，尤其是进商场或者专业市场，其实跟逛街差不多。你平时怎么逛街就怎么办卡，只不过是把问价钱改成问有没有某某银行的信用卡罢了。陌拜的难点是进企事业单位等有前台和门卫的地方，还有一些高档的写字楼到处都有门禁。进门的方法"八仙过海，各显神通"，每个人都不一样，高手都有与众不同的方法。

第二点是去哪里陌拜。去哪里办卡是老生常谈的话题。找单位这个事，比办卡难，俗话说："巧妇难为无米之炊。"不认识单位，不认识人，你让我跟谁聊办卡啊。简单的方法，买一本黄页，然后按照黄页上的单位和地址进行陌拜。还有比较笨但很实用的方法：坐一辆公交车，坐到哪里就办到哪里，下车办卡，上车睡觉，路上小心钱包不要被偷就好了。

第三点是处理紧张的情绪。到客户单位，敲门去营销，确实很突兀，但是客户应该比你紧张，所以你要用幽默风趣的开场白，让客户不紧张才能愉快地办卡。

第四点是陌拜找谁。当保安或者前台问你是来干嘛的，一般回答找老板、财务、办公室比较好一点。陌拜最重要的是走出去，敲开每一扇门，成功就在每扇门后面。

一位我非常敬佩的卡部老总讲过这样一个故事：

一个小男孩卖小饰品，每敲 10 户门，6 户会拒绝，4 户会听他讲，2 户会买，成交的 2 户会让他赚 40 美分。于是他得出一个结论：每敲一次门能赚 4 美分。因此，小男孩考虑的问题不是这次敲门会不会被拒绝，也不是推销后的结果好坏，而是一天能敲多少户门。

在孩子眼里，销售就是这么简单。大多数人，都特别在意别人对自己的看法，这是他们唯唯诺诺的根源。其实，只有成功者才有形象，未成功者都一样。陌拜，要敢于敲门！

这个小男孩可能就是我们每个信用卡销售人员的缩影，我们每个人都是从敲门开始的。

我刚开始陌拜时也是不知如何下手，我记得第一次出去陌拜时，在一个厂的门口转了一个多小时，不知道怎么进门。

后来硬着头皮走过去，跟门卫师傅说我是银行的，来找财务办事，门口大爷帮我联系了一下，让我进去了。

财务经理跟我聊了一会儿，帮我办了一张卡，我就走了。一开始也不知道转介绍、送礼品什么的，傻乎乎地说找谁就找谁了。

陌拜是信用卡销售的基本功，把陌拜做好，以后的路会走得很稳。

信用卡销售新人不用害怕陌拜，新人运气都很好。反而是老人在做陌拜时有一个心理的建设期，因为被拒绝得太多了，有阴影。做陌拜时要学会找资源做转介绍。

行动练习：

1. 是否经常经过一些单位，总是没有时间或者机会进去，可以把这些单位写下来，下次去陌拜。

2. 如果明天是周一，准备从哪条路开始陌拜或是从哪栋楼开始陌拜？

方法二　缘故法

我做信用卡销售之前做了一段时间保险的销售，保险销售的很多方法都很好，给我印象最深刻的就是缘故销售法。

缘故法不仅是寿险营销员行销保险产品时首推之法，也是寿险行销最基本的销售方法。所谓缘故法，顾名思义就是通过熟悉的人，即你的亲戚、朋友、老乡、同学、同事、同好（即休闲、旅游的伙伴）等人群来推销你的寿险产品。

一般来说，一个人的缘故关系有两种：一是"五同"，即同学、同乡、同事、同好、同邻；二是"五缘"，即亲缘（亲人）、地缘（居住地、工作地认识的人）、业缘（工作中或同行业认识的人）、神缘（有共同宗教信仰或共同爱好的人）、物缘（通常指各种商业或户外活动认识的人，如宴席、聚会、旅游、活动等）。

缘故法行销的技巧就是充分利用人际关系来推销自己的寿险产品，这类客户往往容易接近，容易营销，所以新伙伴在刚刚加入寿险公司时，采用这种"缘故法"的营销技巧十分有效，极易成功，以此来增强加入公司的坚定信心，这也是打开保险之门的第一把"金钥匙"。

利用这种方法做信用卡销售的人不多，因为缘故有限，信用卡的单个客户的佣金低，而且不容易上量。但缘故营销方法也是一个有效的方法。

我刚入职信用卡中心时就联系过自己的亲戚办理业务，而且她还推荐同事一起办。后来我缺业绩时也找过一些亲属办理。

缘故营销的难点就是不要太考虑面子，不要觉得去销售一张卡是很没有面子的事。市场是透明的，你今天不去找他，明天还有人去联系他，我就经常碰到客户认识我的同事，或者联系他办过业务的情况。尤其是在三四线城市，就这么大一点儿地方，也许他真的需要，而你没去营销。

缘故营销要顺其自然，不要强求，让他知道就好了。我们做一件事情是一个长期的过程，不要静止地看缘故市场，埋怨自己认识的人很少，或者自己的资源有限。

我们生活中有衣食住行、柴米油盐，要有意无意地去积累缘故客户。比如今天去参加一个同学的婚宴，一起吃饭的人可以加个微信，不要急于去营销，时机成熟自然就成交了。你可以把他理解为信用卡的生活化，或者生活的信用卡化。营销的机会时时刻刻都会出现，但你不是时时刻刻都要去营销，要注意时机和场合。

有一次碰到一个同行在同一个单位办业务，我是陌拜进来的。同行是找关系进来的，找的人是他儿子同学的家长，客户是这个单位的二把手，非常给力，帮我们办了不少业务，而且中午还安排我们吃了饭。

缘故市场是非常大的，只要你在生活和工作，就每天都有新接触的人和事。大家可能想不到，我的很多客户是我打车时认识的，而且后期还有转介绍。我出门一般是打滴滴，滴滴一般是兼职司机，尤其是顺风车。路程超过五分钟以上的，你就有机会介绍自己，成交一笔生意。至少也是留个联系方式，加个微信。

所以说销售无处不在，无时不在。世上无难事，只怕有心人。

行动练习：

1. 每个外地人都有租房的经历，你还记得合租的室友吗？
2. 试过在坐电梯时寻找销售线索吗？

方法三　展台驻点

刚入行时，我也是满大街找客户，产量很低，实在找不到还要请亲戚朋友帮忙。真正让我一天能办上 10 个以上客户的是在地铁里驻点。

当时我就职的银行是深圳发展银行，给南京地铁一号线做开发贷款，所以单位有这方面的资源，而且是免费的。一开始去我也不知道怎么办，看着人来人往的人群，就是没有人看我们一下，没有人过来办卡。我们主管过去说，来来往往的人，都是移动的人民币，只要能拉过来办卡，每一个人都是一张红票子。

去了几天就发现了，每五分钟一班地铁，出站时就都挤到我们展台前面了。只要能拉几个人坐下来，就有人过来围观。这时办卡的机会就大了。后来我就知道了，让客户坐下来，这个卡基本上就办成了。

摆摊的桌子上放一些小礼品，也能吸引一些人来围观，尤其是可爱的玩具可以吸引小孩子。销量最高的一天，我在地铁里驻点出了 36 张卡，后来我们主管也经常安排驻点给我，让我收获不小，感谢当时的主管。

除了单位资源之外，还可以自己联系展台驻点，比如超市驻点、工厂门口驻点。

驻点的准备工作很重要，要准备好桌子、椅子、礼品。尤其是椅子，不要只准备一把，要多准备几把，客户不办卡，也可以坐下来休息一下，增加人气，然后就有人围观了，这时再来的人就容易办卡了。

我是一个很勤奋的人，当时我驻点一般到晚上九点结束。后来我听人说，有一个其他卡部的兄弟在我们离开后又把我们的桌椅搬出来驻点到晚上十点钟。再后来听说他做贷款赚了上百万元，然后我们又成为同事，没多久他就离开这个行业了。

驻点需要花时间，越是晚上效果越好，尤其是超市。找一个好的点位也很重要。驻点的地点有很多，比如地铁、超市、写字楼、食堂，可以单位提供，也可以自己去谈。超市驻点很简单，有桌椅板凳就可以了。

驻点

行动练习：

1. 新员工了解一下其他同事都在哪里驻点，自己跟着体验一下。
2. 自己谈几个点位。

方法四　电销

电话销售是一个很好的销售方法，可以节省时间、提高效率。

关键是电话销售的名单，一份好的名单才能筛选出好的客户。获取名单的方法，既可以是单位提供存量客户，也可以是搜集已经有其他银行信用卡的客户。想获得一个好的销售效果，电销的时间很关键，要针对不同的人群，在不同的时间段销售。信用卡销售是以陌拜为主，如果想做电销，那么准备工作很关键。

第一点是做好不被打扰的准备，找一个安静的环境。我这里讲的是直销团队做电销，不是专业的电销团队或者公司，如果是专业的电销团队，每个人都会有一个工位的。如果你在办公室电销，旁边的人来来回回的，你要不要打招呼这是一个问题。平时我们的手机都是开机的，有信息和电话要不要回复，可能回复一个电话半个小时就没有了。

第二点是给自己设定一个电销的数量，如一个小时要打多少个电话。尽快地判断出客户的需求，不要在某一个客户身上浪费时间。电销的效果取决于话单和数量，打一两百个电话就说没有客户、没有效果是不对的。要细分客户，客户是暂时不办，还是要考虑一下。陌拜时很难做到二次或者三次回访，电销就不一样了，客户考虑得怎么样，一个电话或者微信就可以知道了。

第三点是做好记录。好记性不如烂笔头，要找一个专门的日记本，不要拿一张纸随便写一下，到时不知道放哪里了。登记好客户的意向，是马上办，还是近期办，还是等房贷下来以后再办，还有的客户自己不办有朋友需要办的。这些都是非常重要的信息。如果加了客户微信，要做好备注，越详细越好，如时间、地点、沟通的内容。

电销时间长了，耳朵可能会不舒服，要搞一套好的装备，耳机要适合自己的。要劳逸结合，出现耳鸣要及时休息。

我做易达金大额信用卡分期时，发现很多同事都是上午陌拜，然后下午电销，雷打不动，效果很好。

要把电销做好，就看两部电影：一部是《当幸福来敲门》，它告诉你怎么节约时间；另一部是《华尔街之狼》，它告诉你如何保持激情。好的销售人员都是自我激励的高手。电销看不到客户，不容易打动客户，需要电销人员有耐心，持之以恒。

总结一下：第一步，找话单；第二步，找一个安静的环境；第三步，定一个电销的目标；第四步，做好登记；第五步，及时跟踪回访。

行动练习：

1. 统计一下自己的接通率、客户意向率。
2. 如何获得一份好的话单？

方法五　转介绍

信用卡销售要想做得长久、业绩稳定，转介绍是必不可少的。

客户的一句"好"，比你的一百句话都管用。转介绍的意义就在这里，要让客户帮你说一句话，把你引荐给单位的同事，这样你就好去介绍业务和产品了。

在我们销售的过程中，无论是缘故销售，还是陌拜销售，如果客户已经有本行的信用卡了，这时你会不会很沮丧，觉得失去了一个销售机会？这种理解是错误的。

如果客户有了本行的信用卡，而且用得还不错，完全可以让他帮你转介绍周围的同事或者朋友。他用卡的良好体验，就是转介绍的动力。

当然了，没有无缘无故的爱，也没有无缘无故的恨，适当地给客户表示一下转介绍可以获得银行或者自己送的礼品，这样可以增加客户转介绍的动力。

转介绍在我早期办卡的过程中用得不多，早期办卡不要求开卡，跟客户沟通得要少一些。这几年信用卡销售都要求客户使用信用卡（动户），二次跟客户沟通又创造了一次销售的机会。转介绍比较多时，应帮客户领银行的开卡礼，带其参加活动。

转介绍要想做得好，要把握好时机。最好是当场就转介绍，在客户同意办卡后，马上把转介绍的好处告诉客户，例如，可以赠送礼品，或者提高办卡的额度和成功率，让客户现场就联系转介绍的客户。抓住办卡的时机，抓住动户的时机，抓住客户想要礼品的时机，抓住一切机会转介绍。如果客户说等他卡下来再介绍，这种情况的话，成功的可能性是有的，但概率比较低。可以这样跟客户说，如果他们一起办的人多，下卡的成功率会高，额度会大，这样转介绍就比较顺利了。

转介绍的可以是一个客户也可以是一个单位。尤其是机关事业单位的客户，夫妻、战友、同学、老乡，转介绍过去不要只办一张卡就结束了，要把介绍过去的一个单位都陌拜一下。

如果一个客户特别有资源，就要长期维护，建立稳定的关系，因为他也在不断地增加新的人脉关系。

行动练习：

1. 主动跟客户要求介绍其他同事朋友办卡。
2. 发一些节日问候的信息给客户，有回复说明还记得你。

方法六　礼品

礼品营销在信用卡销售里，可以是一个方法，也可以是促成的手段。

本来信用卡作为一个小额融资的工具或者支付的手段，是非常好的。但是目前信用卡的发卡量大、客群集中、同质化严重，导致客户不太喜欢办卡了。为了吸引客户办卡，各家银行都在开卡礼上下足了功夫。

早期发放信用卡时，是不需要提供礼品的，只要问一下就有人办。现在办卡要送礼品给客户，而且礼品质量越来越好。早期的礼品是新秀丽的背包，然后是行李箱，现在是电器。还有的银行，客户推荐客户可以领手机。当然了，银行送礼品是有要求的，基本上开卡是最低要求，有的还要求交易次数或者交易金额。

这些给了我们什么启示？

既然客户接受办卡送礼品，那么我们可以在这上面做一些文章。毕竟银行承诺的礼品，要等拿到卡消费以后才可以收到。作为前端销售人员，如果客户资质好，是可以当场就送的。

俗话说："礼多人不怪。"没有人是会拒绝礼品的。

礼品的选择很重要，要高端大气上档次。礼品要实用，夏天送雨伞和风扇就很应景，春天送户外帐篷，冬天送保温杯，经常出差的客户送行李箱，有小孩的送儿童行李箱，女客户可以送包。选择实用的礼品，这样客户容易接受。学会包装礼品。自己采购的礼品都是价格便宜的东西，毕竟成本也不高，这时用语言去包装一下就很重要了。清新脱俗的语言可以让人听起来舒服很多。还有一类礼品实用性不强，但有象征意义，如餐具，尤其是碗，是家里经常用的东西。在展台驻点时可以放一些吸引人注意的礼品，如玩具、储蓄罐等，这样可以吸引更多的人过来，增加人气。

礼品销售可以是方法，也可以是促成的手段，当客户犹豫不决时，它还可以是个砝码。给予客户办卡的好处，客户自然而然就同意了。

行动练习：

1. 尝试着用语言包装一个产品，如杯子。
2. 在淘宝、拼多多、京东上对比同一个礼品的价格。

第二章　场景

方法七　住所附近单位

第一章跟大家分享了六种信用卡销售方法，包括陌拜、缘故法、展台驻点、电销、转介绍、礼品。这六种展业方法是基础的技能，信用卡销售人员要深入学习至少一年以上，擅长其中的一两种方法。这可以说这是卡员看家的本领，不精通个一两种，可能你的业务就真要靠运气了。

下面开始跟大家分享场景化获客的方式。一般新员工培训先从客群入手，这是从风险控制角度考虑的。实际工作中的困惑是：我要去哪里找客户？客户在哪里？

我在刚入行的时候，各种迷茫，东奔西跑地找人办卡。有一个周末，我休息。闲逛时发现我住的旁边有一个学校，想了想这里面可能有办卡的人，于是我就去踩了一下点。效果还不错，虽然江苏教育学院分校人不多，但收获不小。

有时我们舍近求远地卖卡，确实没有必要。正常来说小区周围是有很多单位的。我在南京住的几个地方，沿江街道、泰山新村、麒麟门等都有我的客户。在住所附近办卡，有一个好处，就是可以提前踩一下点，有些单位大门平时是关着的，上班时间也不好进门。住得近，可以早一点儿去或者下午上班时过去。

怎样找到这些单位呢？可以实地考察，每条街、每条路走一走，转一转，发现合适的单位就记录下来。也可以在网上看一下地图，看看都有哪些单位，腾讯地图、高德地图都是不错的选择。

近水楼台先得月，住所附近的单位你不去，说不定哪天别人就去了。

销售的最高境界就是生活化，尤其是跟生活很贴近的产品。像信用卡和保险，无非就是跟人聊聊天，开心就办了。做业务的心态也要好，办得多是好事，办得少权当熟悉环境了。

每个月都要交电费、水费，有多少人去供电所、自来水公司办过卡呢？

场景化营销，就是在有客户的地方办卡，在客户需要用卡的地方办卡。大家可以好好体会一下，仔细想想还有哪些地方可以办卡。

住所附近单位

这张地图就是我目前住的地方，这附近的几家单位都是我的客户，而且是大客户，没事就去转转。淮安市人民警察培训学校、白鹭湖中学、白鹭湖幼儿园等都是我的客户。相信我，营销没那么难，只是生活的一部分而已。

行动练习：

1. 打开手机地图，看一下你周围有多少家单位。

2. 你有去经常花钱的地方办过卡吗？如交电、水、燃气、手机、宽带费的地方。

方法八　银行附近单位

银行附近单位和住所附近单位道理是一样的，都是近水楼台先得月。

银行附近单位方便主管带教，我记得在平安银行卡中心刚搬职场时，主管还带我扫了一下新搬来的写字楼和泰国际大厦，效果非常好，银行就在楼下，信任背书很强。虽然客户每天都经过银行，但是之前没有办过我们银行的卡。

有时由于单位开会，或者下雨天没有地方去，在单位附近展业也是可以的，这样就节约了很多路上的时间，后期维护转介绍也方便。

早期售卡只是凭着一腔激情，没有什么规划。其实可以做一个规划，比如先把银行附近的单位整理出来，列一个名单，然后按照名单去售卡，这样效果会更好。

不要简单理解银行附近单位，如果你所在的银行有几十家网点，这几十家网点附近的单位就是一个很庞大的数量，可能足够你跑一年的。

见到客户后话术也要非常的自然，例如，你好，我是××银行的，楼下就是我们的网点，给你们介绍一下我们的活动，现在屈臣氏买满100元减50元，活动非常给力，两分钟就可以办好了。

办卡首先解决的就是信任问题，客户不相信你，说再多也没用，所以说能增加客户信任的都是好方法。

准备一些开卡礼，做转介绍，做好裂变营销。银行附近或者住所附近的客户也方便动户。

行动练习：

1. 你所在的银行在本地有几家网点？
2. 列一下职场附近的单位。

方法九　企事业单位食堂驻点

陌拜会发现很多资源，单位食堂就是一个很好的资源。

一般单位除了开会很少有人能到齐，有一个情况是例外，就是中午吃饭。俗话说得好：民以食为天。很多人平时不在单位，吃饭时就出现了。

在陌拜时观察一下，食堂在哪里，反正自己也是要吃饭的。如果发现人很多，自己都没见过，就可以在食堂驻点。找一下你熟悉的客户让他给你引荐一下食堂的负责人或者老板，递一支烟或者送个小礼品，争取他的同意。提前把需要的展架、桌椅板凳准备好。

驻点时，进来的人一般是抢着打饭或者排队，让他办业务是有难度的，因为大家都要去打饭，给他留个名片，吃完饭过来办。客户吃完饭，出来时就有时间了，可以办业务了。如果客户没有带身份证，那就做好登记，到时再去收件，然后进行拓展，原来没有进去的地方就可以进去了。

没有人介绍的单位，可以采用这种方法：先陌拜，然后食堂驻点。寻找关键人转介绍，可以开发得比较彻底一些。

在驻点时会有客户比较客气让你先吃饭，记住你是来办业务的，时间紧迫，办完业务再吃也不迟。驻点结束，记得打扫一下展位附近的卫生，有客户会把名片顺手丢在地上，记得捡起来。不要给食堂阿姨和工作人员添麻烦，不然下次就不好开展工作了。

企事业单位驻点礼品要准备充足，展台布置要大气，如果客户多，就需要几个人配合，一个人手忙脚乱地拿不下客户。

说一个我自己比较另类的案例：我在监狱和看守所驻点办过卡，很有意思的，人也很多，客户也比较配合，就一张桌子、一个展架，效果也不错。

别人去不到的地方都比较容易出客户，好进的单位信用卡都烂大街了，现在就是要找不容易进的单位进行营销。

有些单位提供早餐和晚餐，也不要放弃这个时间段，反正都是一天，多办几张卡，这个月业绩就好一点。如果客户来不及现在办，就做好登记去客户办公室办。

行动练习：

1. 去找一下机关单位的食堂。
2. 找一个搭档一起去办卡。

方法十　企事业单位员工宿舍

非常怀念在南京办卡的日子，每天都有新鲜事。

刚入行时不会办卡，为了业绩每天都要加班，周六日也去加班。

那时周末也不知道去哪里办卡。老员工指点了一下，说可以去各个单位宿舍，年轻人多，好办卡。有些大的厂子，比如晨光厂这种不好进的单位就只能去宿舍办卡了。三班倒的地方，白天晚上都可以去办卡。我经常去的几个地方是扬子石化有限公司、南化公司和南钢集团的宿舍，还有栖霞区上海铁路局南京机务段的宿舍。

无论是年龄大的还是年龄小的，在宿舍办卡还是很轻松的，不用担心被人赶出去。宿舍人多，互相喊一下就都来了。关键是能找到宿舍。

给大家提供三个找宿舍的方法：第一，提供宿舍的工业企业比较多，所以第一个目标就是工业园区；第二，一般外地人多的，或者年轻人多的会提供宿舍；第三，就是石油、钢铁、化工这类企业会提供宿舍。

最后就是给客户办卡时，可以问一下他们单位有宿舍吗？在哪里？这样就不用你去找了。如果有女生宿舍可以带个女生去展业，这样效果更好。还有一个就是大型的医院，三级以上的医院也会提供宿舍，女生多，因为护士大都是女生。人都是比较现实的，带点礼品去会更好。

行动练习：

1. 你所在的城市哪一片是工业区？
2. 周末除了去宿舍还有哪些地方？

方法十一　地铁站驻点

驻点营销是六大类基础方法的一类。可以在单位、写字楼、食堂驻点，也可以去商圈、超市驻点。

地铁驻点是在一二线城市有地铁的地方采用的方法，地铁站人比较多，尤其是重要的站点，可以说是人山人海。前面我提到了地铁站驻点是我办卡的起家之地。

信用卡销售虽说是简单，但是让一个没做过的人做也不容易上手。突然有几十上百的人站在你面前，你也不知道说什么好吧？

对环境的熟悉很重要，地铁站就是一个小的环境，要找一个好的位置。有很多人经过你的点位时，你可以不费力气地把人拉过来，其他驻点也一样。让客户大老远跑过来办张卡，这是不现实的，点位最好在人流的必经之地，方便拉客户。驻点时最好两个人一组，可以是同一个银行，也可以是不同银行的。一个人去拉人，一个人协助客户填资料，让你的点位形成源源不断的人流。我们当时驻点是单位提供的免费点，现在可能要收费或者自己去谈，谈驻点也是很考验一个人的。

我感觉地铁站驻点的好处第一个是人多，而且不重复，可以长期驻点。第二个就是时间长，一般地铁站运营到晚上 10：00，有人就可以办卡了。

我的一个好兄弟，当时在地铁站找到点位，一开始一个人驻点，后来带团队驻点，养活了他半个组的人。所以你找到一个好的点位，也是为以后带团队做了很好的准备工作。

行动练习：

1. 哪些地铁站人比较多？

2. 地铁上的物业是否也可以驻点？

方法十二　加油站驻点营销

再跟大家分享一个驻点的方法：很多银行都会搞加油返现或者优

惠活动，以汽车拥有者为办卡对象，解决了一个问题，就是授信政策问题，行驶证是本人的，大于10万元的车就可以办理了。营销起来相对简单，车要加油、要清洗、要停留、要保养、要代驾。这些都可以开展市场活动，客户都有需求。

加油站是一个很好的点位。如果银行跟加油站有合作，那么加油站也会很配合驻点。虽然加油站驻点很好，但是加油站驻点也有难点。客户来加油的时间很短，要留住客户不容易，要登记好资料，留下联系方式。加油区域不可以使用手机，车辆进入要注意安全。

我听说以前一个同事是在加油站卖玻璃水的，转行办信用卡，办得不错。

每一类展业方法都对应一类客户，只要学好、用好一类方法就可以了。俗话说得好：一招鲜，吃遍天。

加油站驻点是获客的方式，也是获得资源的方式，每一个跟你聊天的客户都是你的资源，后期可以去他所在的单位开发资源。给自己定目标，一个是要办到多少卡的目标，另一个是收集资源的目标。不要放弃每一个潜在的客户。

行动练习：

1. 梳理一下本行卡有哪些跟车有关的活动？
2. 了解一下本地区客流量最大的加油站在哪里？

方法十三　超市驻点营销

在信用卡销售的市场活动中有一大类就是超市活动，信用卡作为支付工具，在购物中用得最多，所以商场和超市是不能放过的。

超市的话，单位去谈最好，如果单位没有，那么可以自己去谈。

在一些管得不是很严的地方，店长就能做主了，价格也很随意，他随便开价，你随便还价。在选超市之前，自己要观察一下超市的客流情况、所在区域都有哪些小区。如果超市里每天都是人头攒动、客流不息，就说明这个地方可以驻点。

选好地方，谈好价格，下面要做一下准备工作：准备物料、桌椅板凳、展架、宣传单，跟超市工作人员搞好关系。如果你去的超市有本行的活动，收银员都知道吗？台卡有吗？多关心多了解，跟收银员多宣传，让他们也成为你的"营销员"和宣传员。

超市一般是晚上和周末客流多，不是每天都有人的，所以要安排好上午和下午的时间，一般上午收件，下午驻点。

前一天收集的客户资料，要及时地消化，时间长了容易忘记。

行动练习：

1. 本行的卡在超市有哪些活动，怎么开展的？
2. 自己住的地方有哪些超市，人流量怎么样？

方法十四　厂门口驻点

为什么不在厂里驻点？如果在厂里驻点就跟在企业驻点一样了。厂门口是典型的"野点"。

早期我从事信用卡销售时，没有资源，也没有这么多方法。到一个开发区，发现人很多，又进不去，就想办法在外面办业务，这就是"野点"。当时也没有交通工具，拎着一个桌子，就摆在厂门口对面，摆在厂门口保安不让；摆在对面，有时城管会来，就跟打游击一样，他来我走，他走我来。如果你有辆车，那么摆这种野点会很方便，后备箱一开，礼品都在里面。

我很感谢这种野点，我当时驻点获取到一个客户，他是另外一个厂里的，接对象下班。我知道他们厂有两万多人，不难进，就带了一个同事去办卡，两个人团办了一个单位，收获多多。当时我还不会办卡，只负责拎包，同事负责办卡，办了三个月左右，每人每月一两百张。前期主要是办公室的客户，批核率高；后期就是车间的客户了，批核率低。

人上百，形形色色；人上千，彻底连天；人上万，无边无沿。找到一个千人以上的大厂，不用什么方法，只要你问就有人办。方法和技巧是在实践中不断提高的。

行动练习：

1. 你所在的区域，有几家万人以上的企事业单位？
2. 企业周围是否有超市、银行、酒店、食堂等可以驻点的地方？

方法十五　写字楼驻点

写字楼驻点是驻点营销的一类。写字楼俗称办公楼，要选择高档一些的写字楼，楼层要高。

写字楼驻点都是有成本的，这个成本有时单位会承担一部分，例如，某一栋楼宇出 30 张以上客户，每张补助 50 元。那就要计划好，首先分析一下，这栋楼有多少公司，客户类型是否符合本行要求。一般高档的写字楼都没有问题，学历都是符合要求的。如果单位没有办卡的补助，就要考虑两行或者多个银行合作办卡，分担费用。

为了达到更好的效果，观察一下写字楼的人员进出情况，比如是否有地下车库，是否有前后门，是否有食堂。

写字楼驻点都是按天计算的，既然是收了一天的钱，就要利用好这一天的时间。如果大部分客户早上 8：30 上班，驻点人员 8：00 就要到位，布置好点位、展架。这时给每个经过点位的人发一张单页和名片，让客户知道你是来干嘛的。这时候要造势，把办卡的礼品、活动内容传递给客户，如果能在办公室传播开会效果会更好。吃午饭之前的这段时间，要到各个楼层发一下名片和传单，让前台帮你宣传一下。10 点钟以后就是办卡的高峰期了，每一个经过点位的人，尽量让他们坐下来，只要坐下来了解就有希望。

老生常谈的事情，驻点除了办卡，还要收集资源，如果客户没有带身份证，那最好了，可以利用收件的机会到客户单位。注意看客户的年龄和职务，客户职务高的多美言几句，去客户办公室就可以跟客户的其他同事介绍业务了。做销售就是要灵活应变，不拘小节，如果你不好意思，客户就都成其他人的客户了。

客户没有下班，驻点就没有结束。现在很多单位都搞"996"，白天进不去的办公室，下了班就好进去了。驻点之前做好准备，吃饭尽量快一点，吃面包和快餐面就可以了，把时间利用在办卡上。

行动练习：

1. 你所在的城市有多少甲级写字楼？
2. 甲级写字楼的驻点费用是多少？

方法十六　专业市场办卡

陌拜除了扫街扫楼，专业市场也是一类大的客户群体。做生意的地方比较好进，专业市场人也很多。

南京专业市场百度搜索

大家可以上网百度一下，每个地方都有大量的专业市场，客流量很大，而且做生意的用卡量也大。专业市场虽然看起来是什么人都有，但其里面有自己的结构，如商会和老乡会。如果能把其中的关键人物找到，再加上你的卡还不错，办起来还是可以的。市场里面分两类人：一类是打工的，另一类是老板。如果你问了半天都没有人办，可能你问的都是打工的。找对人、办对事，老板用卡的意愿比员工强。专业市场都很大，最好有一个电动车可以做代步工具。专业市场不管是哪家银行持卡量都不低，要把老客户利用起来。转介绍是少不了的。

行动练习：

1. 在百度或者百度地图搜索一下本地专业市场的名字。

2. 了解一下本地的商会和老乡会，是否有熟悉的？

方法十七　产业园区办卡

产业园、工业园、开发区，这些属于一类客群。这类客群的特点是上班族多，都有五险一金，而且大多数人学历高。

把你准备去营销的产业园分一下类，是大企业多，还是小企业多。有人数上百的规模企业，也有三五个人的夫妻店。

产业园办卡跟其他地方办卡是一样的，敲门营销。办卡可以先易后难，也可以先难后易。新人可以从好进的单位入手，有门禁的地方最后去攻破。有时敲门营销心理压力很大，跟大家分享一下如何化解这种压力。

在信用卡中心工作，可能有一种错觉，认为月薪上万元是很正常的事，其实不然，除了垄断行业，其他单位月薪上万元的并不是一般的岗位。尤其是年轻人，刚进去几个月就月薪上万元是不可能的。

到一个单位，前台和保安，可能会拦你。你心里要有一种优越感：我一天的工资可能是你一个月的。建立这种优越感之后，你的气场就不一样了，就能跟各种人谈业务。这只是一个阶段，过了这个阶段，就不需要这种优越感了。大家都是工作，你未必有保安有钱，人家可能是拆迁户，出来工作是消磨时间的。老员工办卡，都有自己的套路，坚持自己的方法就可以了。心态不好时注意调节一下。做好长期的准备，如果这个地方卡办得不错，过一段时间没有客户了，可以再来办一次。

产业园、科技园和工业园都有食堂，可以在食堂驻点，然后再利用转介绍，方法千百种，要组合起来用。一招不成还有一招。

行动练习：

1. 列出本地的产业园、工业园。
2. 想一下信用卡销售工作都有哪些好处。

方法十八　商圈营销

商圈营销是场景营销的一种。每个城市都有它的核心商圈，而且还不止一个。例如，南京的新街口、河西万达、湖南路、淮安的中央新亚商场、万达商圈。在每个商圈里，各种业态齐全，人流量大，陌拜、驻点营销都可以。有上班的写字楼、消费的 shopping mall、美食街、地铁站。

营销的方式可以是陌拜、去写字楼驻点，也可以是在商场驻点；可以自己单打独斗，也可以集体营销。如果本银行的卡在商圈里有活动，那是最好的，例如，我行卡在星巴克有买一送一或者积分兑换活动，屈臣氏可以打五折，沃尔玛可以满 100 元减 30 元等，这些都是很好的话术。

做好商圈营销要事前做好规划、目标客户是哪里、采用什么方式营销。如果是驻点，也不只是针对来购物的客户，商场的员工也是可以办理的。营销的效果还要看你们银行的产品和活动，如果能秒批，然后当场绑卡就可以消费，再附加一个满减的活动，这种效果不要太好。

一个优质的商圈值得深入去挖掘，做好服务，不断地开发出新的客户。商圈营销的核心是商场，商场的主要营销方法是驻点。选择一个客流量比较大的地方，如客服中心、商场的入口、负一楼的停车场都可以。采用驻点的方式，吸引客户过来办卡。

驻点营销的细节或者说是驻点营销的核心技术总结为一句话：拉人是核心。驻点不是陌拜，但也不是坐等客户上门。目之所及的地方，路过的人一个也不要放弃。只要对上眼了，发现客户对你的点位有好奇心，就可以把客户拉过来聊聊。主动出击也是驻点必不可少的过程，业绩好不好就看努力的程度了。

行动练习：

1. 列出本地主要的商圈和商场。
2. 暗中观察其他人驻点的过程。

方法十九　节假日和纪念日营销

场景营销总计是十三种，前面讲的十二种都是物理场景，即实实在在的有一个物理的场景，如住所附近、企事业单位食堂、加油站。本节这个场景是心理的，即内心世界的一个场景或者定位。

正常上班是一周五天，双休、法定节假日休息。一年中重要的节假日有元旦、春节、清明节、劳动节、端午节、国庆节、中秋节。每一个节日对应一种生活状态，劳动节和国庆节里大部分人要出门旅游；春节和中秋节里很多人要团聚。

对于信用卡营销来说，要借助客户的状态，发掘客户的需求。劳动节、国庆节要出行，客户是坐飞机、火车，还是自驾？每个银行信用卡都有相应的权益，航空卡累计航空里程、附加延误险、商旅卡订酒店宾馆优惠，顺带介绍一下卡权益就能俘获一批客户。

很多银行都会在重要的节假日到商场做活动，或者把市场活动集中到某一天，逐渐地形成了品牌效应，例如，交通银行的"最红星期五"。

节假日营销也是话题的一种，跟客户聊天时，能加强与客户的沟通。除了重要的节假日，还有一些纪念日，甚至约定俗成的特殊日子。比如情人节、妇女节、儿童节、党的生日、建军节、教师节、医师节、护士节、圣诞节。纪念日对于某些客户有特别的意义。要抓住这些客户的心理，有针对性地去营销。例如，老师是一个很重要的客户群体，教师节就很有营销的意义，用好这个节日，可以跟学校谈团办，这样活动比平时更容易被接受。

节假日和纪念日是一个很好的话题切入，让人有所期待，客户心理定位成熟，不需要太多的解释。

行动练习：

1. 最近的一个节假日或者纪念日是哪一个？
2. 你营销的重要的客户有特殊的节日吗？

第三章　客群

方法二十　机关事业单位

机关事业单位营销是行职业营销中的一种。

按照客户占比，机关事业单位占到我总客群的70%，我有三年多的时间营销的95%的客户都是机关事业单位的。

五年前我跟普通的客户经理一样，什么样的客户都办，并没有主要营销机关事业单位。2014年开始我做了一个产品：易达金信用卡的销售，其用户主要是机关事业单位的人员，而且都是科级以上的公务员。这段时间让我对机关单位有了比较系统的了解，普通人应该分不清什么是行政编制、参公管理、事业编制、工勤人员。有了这段工作经历，让我对机关单位有了更加深入的了解。

经常营销机关事业单位的朋友一定要了解一下机关事业单位的职务和级别。我们就是要知道客户的级别有多高，才好去营销，要了解客户的级别还有客户单位的行政级别。我国国家公务员的级别分为十五级。

职务与级别的对应关系是：①国务院总理：一级。②国务院副总理、国务委员：二至三级。③部级正职、省级正职：三至四级。④部级副职、省级副职：四至五级。⑤司级正职、厅级正职、巡视员：五至七级。⑥司级副职、厅级副职、助理巡视员：六至八级。⑦处级正职、县级正职、调研员：七至十级。⑧处级副职、县级副职、助理调研员：八至十一级。⑨科级正职、乡级正职、主管科员：九至十二级。⑩科级副职、乡级副职、副主管科员：九至十三级。⑪科员：九至十四级。⑫办事员：十至十五级。

我们营销比较多的是厅级以下的客户，最多的是科员和科级。

再了解一下城市的行政级别。中国城市行政级别分9级：

1级：准国级——香港、澳门特区（对外享受国家和地区中的地区级，可以单独参加国际的经济、社交、体育活动和申办国际级的活动，如奥运会等，高度自治，有自己的区旗、区徽）。

2级：正部级——四大直辖市（北京、上海、天津、重庆）。

3级：副部级——14个副省级城市（包括9个副省级城市和5个计划单列城市，有沈阳、长春、哈尔滨、南京、武汉、广州、济南、杭州、成都、深圳、厦门、宁波、青岛、大连）。

4级：准副省级——包括除以上之外的所有省会城市和国务院批准的唐山市、大同市、包头市、鞍山市、抚顺市、吉林市、齐齐哈尔市、无锡市、淮南市、洛阳市十个市为"较大的市"。

5级：正厅级——一般地级市。

6级：副厅级——省直管县级市。

7级：正处级——一般县级市。

8级：副处级——市管镇。

9级：正科级——一般乡镇。

公务员职务分为领导职务和非领导职务。

领导职务层次分为：国家级正职、国家级副职、省部级正职、省部级副职、厅局级正职、厅局级副职、县处级正职、县处级副职、乡科级正职、乡科级副职。

非领导职务层次在厅局级以下设置。综合管理类的领导职务根据宪法、有关法律、职务层次和机构规格设置确定。综合管理类的非领导职务分为：巡视员、副巡视员、调研员、副调研员、主管科员、副主管科员、科员、办事员。

具备了这些基础知识你就好跟客户聊天了。有很多客户是老资格，干了几十年，还是科员，在办公室喝茶看报纸。这些人可以帮你的，他们讲话比你讲话好使。机关单位还是比较好进的，也比较好找。在用卡方面，机关单位也比较喜欢信用卡。不像在企业上班的，动不动说他在上班，他很忙。去机关单位销售信用卡要有一个好的形象，要善于和领导沟通。机关单位做转介绍很好，介绍的单位也都是机关单位。

行动练习：

1. 你所在的城市行政级别是哪一级？
2. 公安系统的行政级别有几级？

方法二十一 银行保险证券

银行保险证券在各家银行信用卡的授信政策里都是优质的客户。我的很多同事都是办银行保险证券的专业户。

对于外行人来说，很多人会有疑问，其他银行也有信用卡，他为什么办你家的信用卡。首先是作为金融的从业者，对信用卡产品不陌生，会使用，而且大部分人都有信用卡，容易接受信用卡产品。其次是很多金融人都有任务指标，尤其是银行，都有营销信用卡的任务，很好沟通。再次是除了银行总部，相对来说这些地方还是好进的，进门的难度不大。最后是金融机构从业人员素质高，征信良好，批核率高。出于以上原因，当我们到一个新的市场之后，很多同事第一步可能就是去银行保险证券寻找客户。

我在盐城做业务时，运气好到去盐城农业银行这个单位营销。盐城农业银行网点多，从业人员多。除直接给我带来客户以外，还给我介绍了很多客户。从分行机关到乡镇网点，我做到了没有遗漏的营销。

相对银行来说保险公司有点复杂，有内勤和外勤之分。内勤，客户正常办理；外勤，保险代理人需要附加其他材料，比如学历或者房贷等资料。好在保险公司容易进门，用卡的积极性也很高。

最后就是证券公司，证券公司相对来说人数会少很多，没有存在感。

一个地区的金融从业者大多都互相认识，用卡情况好的可以让其转介绍。尤其是银行的信贷经理、理财经理，有些在本行做不了的客户他们会推荐给你。

金融从业者营销三部曲：活动、礼品、同理心。有竞争力的活动可以吸引不少优质客户，一元吃自助餐、五折美食、九元看电影，只要活动给力，营销是很简单的。办卡的理由千千万，礼品是最后一根稻草，礼品到位，啥都好办。金融人的同理心很强，他有任务你也有任务，这是感情的基础，只要把这一点利用好，办卡是很容易的。

细节处理好。你说你是银行的客户经理，在谈吐上要跟对方相近，不然客户会有很多疑问。这一点针对其他客户也是一样的。

银行柜台里面的柜员也是可以办卡的，虽然隔着玻璃有些不方便，只要耐心地说服，机会还是比较大的。

行动练习：

1. 列出本地银行保险证券的网点地址。
2. 了解一下各家银行最新的信用卡市场活动。

方法二十二　医疗卫生（医院）

医院是医疗卫生行业，医生、护士是职业，医院的客户高度适合行职业客户营销。

医院也是我早期做得比较好的单位，第一家医院是我们主管对象所在的单位，是一家公办医院。第二家医院是当时我处的对象的单位，虽然是民营医院，但科室还是比较多的。

早期到单位销售信用卡都是误打误撞，办到哪里算哪里。现在去单位知道了解一下单位的组织架构了。给大家看一下一个医院有多少科室：

⑨内科	✐外科	⚒医技	⚏其他
内科			
▌心内科	▌老年医学科	▌呼吸科	▌消化内科
▌神经内科	▌肾内科	▌血液科	▌免疫风湿科
▌皮肤科	▌内分泌科	▌康复医学科	▌放疗科
▌肿瘤内科	▌儿科（新生儿）	▌中医科	▌营养科
外科			
▌胃肠外科	▌血管外科	▌介入放射科	▌疼痛科
▌神经外科	▌肝胆胰外科	▌肛肠科	▌泌尿外科
▌甲乳外科	▌烧伤整形科	▌口腔颌面外科	▌产科
▌妇科	▌生殖医学中心	▌骨科	▌眼科
▌耳鼻喉科	▌心胸外科		

医院科室

医院科室（续）

三大类将近五十个科室。这还不包括行政部门，还有医院的附属单位，如制药厂。到医院的官网了解一下就知道这家单位有多少人、多少科室了。

我当时在南京明基医院营销用的方法很全，每个科室都进去了，因为有人介绍。员工宿舍也去了，食堂也驻点了，晚上加班到12点，所以办得还是很彻底的。

医院上班比较早，我建议大家早点去，在主任查房前，还有一段时间可以办业务。医生护士比较忙，但是相对来说还是很好讲话的，磨一磨都能办。当然，如果你能送点实惠的礼品就更好了。

近两年用的营销方法又升级了，先从市卫生和计划委员会（以下简称"卫计委"）、疾病预防控制中心下手，然后通过上下级的关系去办卡。这种方法特别适合乡镇卫生院，先办卫计委，然后转介绍到下属的卫生院。跟办学校一样，先从教育局入手。

医疗卫生行业还有一些单位，如血站、脑科医院、传染病医院、康复医院，可以深度去挖掘。

医院也是晚上和周末加班的好去处。没有转介绍、领导关系，礼品是一个好的方法。如果你是"小鲜肉",陪护士小姐姐聊聊工作谈谈理想,这完全是可以的。

还有两个重要的节日:护士节、医师节,在这两个节日前做一波节日营销,效果会更好。

行动练习:

1. 你们当地最大的医院是哪家医院,有多少职工?
2. 尝试去医院加班,陌拜起步。

方法二十三 中小学教师(教师进修学校)

每个卡员都有自己擅长的客群,有一部分高产能的卡员就是擅长办学校。学校一开学,这部分业务员就可以实现高产能。学校放假,产能立马下降,客群太单一也是问题。

教育行业是非常优质的行业,从业者学历高、收入高、素质高。办理简单,批核率高。我把学校分成两类:一类是中小学,一类是大专院校。高中,正好在中间。为什么要这样分呢?中小学老师都是坐班的,不管有没有课都要在学校里,相对比较集中,办理起来不是很难。大中专院校老师不坐班,很难找到人。还有就是中小学还是比较难进门的,如果不是疫情原因,大中专院校还是很容易进门的。中小学进门比较难,可以采用直接联系校长或者主任谈团办,或者学校老师转介绍送礼品的方法。

进门这个问题解决了,下面就是办卡。办卡之前先看这个学校办公室在哪里、是按什么划分的。有的学校是按年级划分的:一年级、二年级、三年级。有的学校是按学科划分的:数学组、语文组、历史组。每个办公室有多少工位、哪些人办了,都要记住,保证见到每个人，然后就看你的话术了。老师都比较善于聊天，天南海北的，所以去营销老师要放得开，不然你有可能被他们给营销了。办公室人比较集中，有好处，也有坏处，好处就是便于营销，坏处就是容易集体不办。控场能力格外重要，如果客户有关于信用卡或者本行信用卡的负面信息，第一时间安抚客户，不要让他影响到你的展业。

一个学校至少要有 30% 的办卡率，不然不算成功，达不到这个办卡率说明你营销得不彻底。有时确实很难找到人。办学校最重要的就是转介绍，只要你肯多问一句、礼品到位，转介绍就是分分钟的事。这方面确实有比较厉害的卡员，能做到把资源用得比较彻底。

营销中小学也可以从教育局或者教师进修学校入手，从上级往下级介绍更加轻松。很多地方幼儿园也是小学的一部分，所以幼儿园也不要放弃，也是可以营销的。而且幼儿园的老师年龄小，很听领导的话。

行动练习：

1. 找出本地区所有学校的名字。
2. 跟学校有关的节日都有哪些？

方法二十四　大中专院校教职工

大中专院校和中小学老师的营销还是有很大区别的，主要体现在以下三个方面：第一，大学老师不坐班，很难找到人，每个办公室或者办公楼人都不多，找人要花不少时间；第二，高校老师工资高，对信用卡不是很感兴趣，对贷款可能还是很有兴趣的；第三，高校老师用卡的需求更加个性化，例如，出国学习、海淘需要 VISA、万事达或者 JCB 等卡组织的卡。

我营销过的高校也比较多，有东南大学、南京工业大学、南京药科大学、南京财经大学，还有盐城高教园的几所学校和淮安高教园的几所大学。当然，最成功的还是淮安大学城的几所高校，成功办理了三四百张信用卡。在当时整体业务低迷的情况下，也算是一个亮点。后期是学校放暑假了，不然还要多。能够成功地营销这么多客户，确实有占据了天时、地利、人和的原因。当时有一个大学保卫处长的关系，前期也做了很多的铺垫，请吃饭、送礼品啊！我后期开发时也是很认真地做的，转介绍、驻点、借势营销、搭档营销，都是全力以赴地做的。当时准备借助分行的资源，把存款、理财、ETC 也做起来的，所以规划得比较细。最后就是领导也支持我的工作，报销了一笔公关的费用。

要说营销的难点，肯定是有的，那就是人不好找。高校老师不坐班，了解到的人数和实际人数不一致。后来我发现了两所学校的规律，一所高校每周二下午各个系开会，一所高校每周三下午开会，这两天人都比较多。大部分业务都是在这两天办的，其他时间用来收件。有几次还参加了他们的会议，在会议结束后，做了会议营销。

营销高校老师最好要做一些准备，聊一些跟他们有关的话题，比如教学改革、工资福利、职称评定，这样可以迅速地拉近距离。

有机会大家也可以尝试一下营销高校老师。

行动练习：

1. 列出本地的高校名单。
2. 尝试跟领导申请资源。

方法二十五　个体老板

个体工商户在我早期的工作中还占有一定的比例，后期学会营销机关事业单位以后，尤其是做过易达金产品的销售后，个体户就不是我的主要客群了。当然个体户在某些银行占比还是比较高的。个体户主要集中在大市场和沿街的门店，也有的在写字楼的经营部。个体老板主要是经营部这种形式，夫妻店多，当然也有做得比较大的，下面员工有十个八个的，但是大部分不交社保。

有一些银行，像平安、招商、中信、兴业，是对个体户比较友好的，批核率在50%以上，个体户还是可以做的。这里面第一个原因就是没什么成本，不需要你去公关，不需要礼品费用。第二个就是客户容易找，进门简单。扫街扫楼是针对个体老板的主要方式，只要你问就有人办。

办个体老板也有技巧的，这个技巧不在于如何找客户，而是如何能让它批下来。无论是个体经营户，还是小微企业，个人征信都比较乱，今天用这个单位名，明天用那个单位名。所以如何"包装"美化客户就很重要了。首先问一下客户，上次办卡用的哪个单位名，如果时间很近，建议还是用上次的单位名。其次就是单位电话，尽量让客户找真实有效的电话。

营销个体户也是有转介绍的，当然这种转介绍都是自然的转介绍，只要加了客户的微信，他自然会联系你。营销个体户很辛苦的，刮风下雨都会影响业绩，遇到天气不好的情况最好去红星美凯龙、万达广场这些室内场所，不影响业绩。

行动练习：

1. 本地的主要街道有哪些？
2. 找到本地的主要专业市场。

方法二十六　国有企业

营销国有企业是必不可少的。国企相对于机关事业单位来说，员工人数多，更容易出产能。

在企业里面为什么把国企单独列出来？国有企业一般福利好，但是拿到手的工资不高。信用卡就是一个很好的解决资金的工具。最重要的就是国企工作稳定，人际关系融洽，有合适的人介绍更容易出产能。

国企包括央企和地方国企，国家电网就是央企，在地方有可能是下属单位——供电服务公司，这里面的员工工资都很高。还有改制的企业，如南钢；合资的企业，如扬子巴斯夫。虽然改制或者合资了，但是里面的氛围还是不错的。跟民营企业比起来，工作氛围不是那么紧张，人际关系相对融洽。

好一点的民营企业是两个人干四个人的活，拿三个人的工资，工作相当的紧张。类似像苏宁、华为这样的企业，工作压力还是比较大的。

除了这些大型的国企之外，还有地方国企，机关事业单位下属单位也是国企。每个开发区下属都有投资控股有限公司，建筑局下属有建筑工程质量检测中心，园林局下属有绿化公司。可以通过局委办或者街道介绍到各个国企单位，或者自己直接去找单位的财务或者办公室的工作人员。

我营销得比较成功的国企有南瑞继保、上海大众、江苏淮胜电缆、淮安国联集团，这些单位的人素质高、消费高、有用卡需求。找到南瑞继保这家单位也是机缘巧合，通过驻点资源，然后回访送礼品。中间也有插曲，被发现了，就被请了出来。到嘴的一块肥肉不能就放弃了，还是鼓足勇气又进去办了一段时间。国家电网这一块我也办了一些，不过不是很彻底，由于分散在每个乡镇，没有交通工具，所以就没有逐个跑完。在南京的卡员可以把大厂这个区域好好开发一下，走在路上的都能办卡，说不定就是哪个厂的职工。经常去民营或者私人单位办卡的，去国企单位一对比就知道好处了。民企员工动不动就在上班，想办都不敢办，怕领导。国企氛围就很好，工作都外包下去了，有正式编制的人反而轻松。

行动练习：

1. 本地最大的国企是哪一家？
2. 民营企业尝试过找老板谈团办吗？

方法二十七　四星级、五星级酒店

信用卡市场在某些地方是饱和了，一个人持有多家银行信用卡，客户的办卡意愿下降，但还是有很多优质的单位，符合银行的授信政策，还没有集体办过卡，又比较好进。

我在南京驻点时，机缘巧合营销到一个江苏省会议中心的客户，这让我对四星级和五星级酒店有了一个新的认识。这个单位营销得不是很好，中间出了一点小差错，但是让我发现了一个可开发的市场。

单位经常组织学习，授信政策就是重点，但是纸面上的东西，你真的能看懂吗？四星级和五星级酒店里的人就是授信政策里面很优质的客户，然而却被营销得非常少。这类酒店具有非常优质的客群，单位给员工交社保和公积金，虽然是服务行业，但是办公室这一部门的人学历都不低。其他部门也都是受过专业训练的，素质也高。而且都是接触高端客户的，自然就很有礼貌。

在深圳发展银行和平安银行工作时，单位每年都组织年会，这些酒店我也营销过。国信宾馆就是我成功的案例，记忆深刻那年的年会我抽到一个特等奖，国信宾馆我去了十几次，把所有的部门都营销到了。

一个星级酒店有几百人，除了行政、人事、财务、采购、市场和营销部门外，还有客服部、中餐部、西餐部、自助餐部、行李房，甚至还有游泳馆、健身房、理发店。大家去营销时，一定要细致地去开发，酒店很多部门都是三班倒的，营销时问一下班次，可以再跟下一个班次营销。

双门楼宾馆、奥体会议中心、索菲特大酒店、国联名都大酒店，这些酒店我也营销过，办酒店多了，就知道每个地方的办公位置了，每家酒店不一样，有的在负一楼，有的在楼上。

经朋友介绍我还在酒店驻点办过业务，酒店是服务行业，他们午餐时间早，一定要提前去。四星级和五星级酒店具有非常优质的客户，尤其是在省会城市和旅游城市，酒店非常的多，可以营销一波。

行动练习：

1. 本地有多少家四星级和五星级酒店？
2. 单位都在哪些酒店开年会或者总结会？

方法二十八　公检法客群

公检法客群是指公安、检察院和法院的客户。这类客户在早期信用卡营销不是很常见，主要原因是不容易接触，最多是办一些派出所的民警和户籍员。真正接触是做易达金信用卡的销售，其他同事发现这类客户相对来说用钱的地方多，有需求，所以就主动地营销这些客户。

地方的公务员事业单位，人数最多的两个系统就是公安系统和教育系统。市里有公安局，县里有公安局，乡镇有派出所，公安系统除了民警和辅警外，还有勤务人员。公安系统不好营销，主要是进门难，可以从派出所入手。最好是找到关系，从上往下办。

营销公安系统之前还是要了解一下公安系统的组织架构，从政府网站和实际工作情况来看，公安系统大概有24个部门：

（1）办公室：负责机关政务工作等。

（2）指挥中心：负责受理"110"接报警工作等。

（3）政治部：市公安局党委主管政治工作的办事机构，是负责全市公安机关队伍建设的职能部门，内设秘书处、组织处、人事处、宣传处等。

（4）监察室：负责纪检、监察及审计工作。

（5）警务督察中队：负责对全市公安机关及人民警察依法履行职责、行使职权和遵纪守法情况进行监督。

（6）法制支队：负责指导、监督、检查全市公安法制建设和执法工作。

（7）警务保障处：负责机关财务、器材装备、房产、基建、安全保卫及警务保障工作。

（8）信访工作处：负责贯彻落实信访工作的有关政策、规定以及机关群众来信来访的办理等工作。

（9）经济保卫支队：负责指导重点企业和单位的内部安全保卫工作。

（10）文化保卫支队：负责指导高等院校等单位和部门的内部安全保卫工作。

（11）经侦支队：负责全市重大经济诈骗、走私、侵犯知识产权、漏税、骗税等经济犯罪案件的侦查工作。

（12）处置突发事件支队（环境犯罪侦查支队）：负责突发事件和群体性事件的防范处置，以及打击环境犯罪工作。

（13）特警支队：负责处置暴力恐怖犯罪、严重暴力犯罪，以及暴乱、骚乱、大规模流氓滋事等重大治安事件。

（14）警察训练支队：负责全局在职民警的任职训练、晋升警衔训练、警务技战术训练、专门业务培训工作。

（15）视频侦查支队：负责公安视频监控系统的管理、使用，以及大案要案视频侦查技术支撑等工作。

（16）物流寄递犯罪侦查支队：负责物流寄递行业领域违法犯罪行为的打击处理工作。

（17）信息通信处：负责公安有线、无线、卫星、计算机等信息通信网络的管理工作。

（18）出入境管理支队：负责公安出入境管理工作。

（19）强制医疗管理处：负责对危害社会治安的精神病患者实行治安监管和医治等工作。

（20）公共交通治安管理支队（公交分局）：负责全市公共汽车、出租汽车、租赁汽车、长途客运车辆的治安管理和刑事、治安案件的侦破查处工作。

（21）食品药品犯罪侦查支队：负责重大、特大食品药品犯罪案件的侦办工作。

（22）治安管理支队（治安管理局）：负责全市社会治安管理的职能部门，内设政秘处、特种行业与旅游治安处、大型活动处、户政与基层基础工作处和保安工作管理处等机构。

（23）刑事侦查支队（刑事侦查局）：负责侦破全市刑事犯罪案件的职能部门，内设政秘处、一处、二处、三处和刑事技术处等机构。

（24）交通警察支队（交通管理局）：主管全市道路交通安全的职

能部门，内设秘书处、政治处、警务监督处、秩序处、事故处、科技处、宣传法制处、车辆管理处、郊县业务处、特勤大队和交警执勤大队等机构。

公安局是公安机关的组织形式，是主管公安工作的政府下设职能部门。以上是地级市公安局，省会公安局还要多一些部门，还有铁路公安、警察学校、公安部下属单位，如警犬训练基地。

在公检法方面，检察院是一个小的部门，而且目前把职务犯罪划到纪委了。相对来说检察院好进一些，人数少。法院部门也很多，想进去不容易。执行局是比较容易进的。法院是有法警的，也是比较容易开发的客户。办公检法的客户，我觉得要大气一点，直接一点。还有一类客户虽然不在公检法里，但是也是司法系统的，就是监狱，是司法部（厅）下属单位，狱警也就是民警。

做好一个系统就够你吃半年的了。

行动练习：

1. 本地区有多少家派出所？
2. 看看你有多少律师朋友。

方法二十九　用卡的客户

我在两家信用卡中心工作过，看过很多版本的授信政策，但是我敢肯定地说，没有人从这个角度划分客户。

用卡的客户是什么意思？

卡员的工资是按办卡量、开卡量来计算的。客户后期用不用、用多少跟我们关系不大，只要能说服客户办卡，卡员就成功了。当然现在这种情况也在改变，各家银行都在找寻用卡的客户，给用卡的客户一定的奖励。实际情况是我们不关心客户用不用卡，但是能找到用卡的客户对我们也很重要。

用卡的客户一般是不会拒绝上门推销的，这有助于带动办卡的氛围。客户说一句好话比你说十句话都管用。用卡的客户实际上是用信用卡的优惠活动或者额度，有的客户会比较专业地薅羊毛，信用卡的活动对他是有吸引力的。只要活动足够好，这类客户是会很主动地办卡的。还有一类客户关注用卡的额度，额度高的话客户还是很感兴趣的。

进一个单位或者办公室，我们也分不清哪个人会用卡，但是先把面善的、好讲话的找到，然后一点点切入，总归能找到想办卡的客户。这类客户非常有助于后期的转介绍。

要想找到这些客户，个人的专业能力就很重要了，银行的市场活动很多，有总行的、分行的、App的、小程序的、有联名卡的、电商类的、银联商务的，平时要多用本行卡，参加过就有发言权。

遇到对额度感兴趣的客户，能不能给客户讲一下怎么提额，怎么用卡？这些都会显得你比较专业。最重要的是，我们是通过跟用卡客户良好的沟通，吸引那些想办卡或者感兴趣的人。从众心理在信用卡销售里面非常实用，大家办了他也办一张，了解了这些你就知道我们为什么要找到那些用卡的客户了。

行动练习：

1. 你都参加过哪些信用卡活动？
2. 问一下客户对额度满意吗？

方法三十　年长的客户

信用卡销售人员年龄跨度大、背景复杂。创造业绩的可能是职场老人，也可能是小白，没有什么不可能的。刚毕业的小白如何获得客户的认可？他们从业经验肯定不够丰富，没有社会阅历，产品知识不熟练。其实这些都不是问题，因为这个社会还是好人多。刚毕业的小白，完全可以用好年长客户的同理心。

十年前我刚开始从事信用卡销售时，已经毕业五年了，没有经过岁月的洗礼，长得还比较嫩。当时深圳发展银行在南京的网点不多，活动权益也少，不过业务还可以，有些年纪比较大的客户，看到我们去办卡，经常讲他们小孩跟我们一般大，说我们也不容易，就帮我们了！有的客户家属是银行的，也富有同情心，帮我们完成业绩。还有客户安排我们在食堂吃饭。

我现在年龄也大了，但还称不上"长"。随着年龄的增加，对人对事，确实跟年轻时不一样了。年轻时可能比较着急挣钱、晋升，但是年龄大了，可以更加平和地看待问题。现在能体会到年长人的心情，希望自己家的小孩出去也能碰到热心人，帮自己家小孩一把。

信用卡销售工作三五个月，靠资源、靠激情、靠领导洗脑确实可以的，但是长期的工作确实要有自己的一套理论和方法。陌拜可以办卡，驻点可以办卡，转介绍可以办卡。用卡的客户、年长的客户、同龄人，就是我在实际工作过程中总结出来的三类客户，有助于我们工作的展开。如果这个客户是年长的客户，又是用卡的客户，然后在单位还有职务，这时非常适合让他转介绍。效果也非常的好。

搞清楚客户为什么办卡，或者为什么帮你转介绍，非常重要。今天出去办到卡，不是什么难事，但是天天能办到，这就是本事了。

年轻人跟年长的人聊什么？聊不好就是尬聊。这要看你的阅历和知识面，客户聊什么你就聊什么，不懂的回去补一补下次就知道了。

行动练习:

1. 熟悉属相与年份对照表,随便说一个年份就能报出属相来。

2. 想象一下自己 50 岁的样子。

方法三十一　同龄人

十年前我刚开始做信用卡销售时,我的客户都是二十多岁的,我现在的客户普遍在四十岁上下。这种变化还是蛮吓人的,三十岁左右都很少,更不要说二十几岁的。证明我跟这些四十岁上下的人沟通得不错,当然也说明我已经跟"90"后或者"95"后在信用卡的认知上有差距了。现在很多"95"后是不用信用卡的。当然有可能这些客户被"95"后的同事说服了。

不得不说的是同龄人,或者同一年龄段的人有共同的记忆,有天然的亲近感,这更有利于开展业务和沟通。如果要统计的话,1980~1989 年出生的客户,估计占到我总客户量的70%。同龄人有相同的记忆,可以说自带话题。例如,高考、求职、找对象、结婚、带小孩、教育子女,甚至学区房、收入高低都是可以切入的话题。

信用卡销售 80% 的时间在聊天,聊得开心就办了,聊得不开心就没办。跟同龄人经常聊的话题是,在哪里上大学的啊?一般上学都是在大城市,为什么没有留在大城市就又是一个话题。大城市工作压力大,房价高,回三四线城市,生活更加舒适一些。随着"80"后逐渐结婚生子,小孩上学、如何投资、买学区房,也成了热门的话题。

理论上信用卡不能用来做房产投资,但实际上很多人用信用卡做资金周转,"80"后、"85"后都是信用卡的大户,额度高,用卡多。

同龄人都是从职场小白起来的,工作压力大,让客户做转介绍都能理解。不管客户用不用卡，兄弟喊起来，业务就来了。

信用卡销售不要跟客户有距离感，太客气了，会让客户感觉不舒服。

行动练习：

1. 你的客户是哪个年龄段？
2. 能找到跟客户的共同话题吗？

第四章　方法

方法三十二　授信企业名单营销

新人进入这个行业，有的人会选择从缘故做起，有的人会选择从陌拜做起。

从陌拜做起的话，如果本行的要求低，那么是可以做扫街或者扫楼的。有的银行要求高，就要从白名单客户做起。我经历的两家银行都有自己的白名单企业客户，只是说法不一样罢了。

我刚入行时在深圳发展银行工作，看到单位提供的白名单，发现有两家机床生产企业，我之前是做数控机床销售的，虽然我没有去过，但是这个行业我熟悉。我最早的团办也就是从这两家企业开始的。我还记得当时办了不少客户，碰到一个问题，虽然这两家企业是白名单客户，但都是 C 类客户，不能以工作证明进件，只能以社保进。当时社保不好查，最后这批客户的批核率不是很高。

企业授信名单大家都有，但不会都去营销。因为这种大企业都不太好进。平时多看看，如果正好认识一个人，或者有一个客户在这家单位上班，就可以一举攻破了。现在可以用企查查，查询到地址和联系人，然后直接去陌拜。企查查也提供关联企业的信息，例如，上级投资企业或者下级控股企业，这样方便我们去开发更多的单位。

谈企业可以通过政府资源介绍，也可以直接找到财务谈企业融资。我在南京碰到过一个非常厉害的业务员，就是跟企业谈融资，顺带把卡办了。如果企业有融资需要，后期还可以介绍给分行同事做。去企业可以找办公室，也可以找财务。白名单或者战略客户最好是分支行的去做，信用卡中心配合，这是比较理想的方案。

行动练习：

1. 找到单位的白名单客户。
2. 跟分支行多了解，看一下是否有资源支持。

方法三十三　黄页营销

办卡很简单，找单位很难。很多人在做信用卡销售之前从事的行业五花八门，有刚毕业的小白、有工厂里上班的、有创业失败的、有小贷公司改行的。对于大部分没有销售经验的人来说，信用卡销售有一定的难度，就算有一定的销售经验，信用卡这个产品也很特殊：日日清零，月月重新开始。应该讲大部分人不善于总结和规划自己的工作，没有工作的抓手。

信用卡的销售主要分为两类：一类是营销单位，另一类是其他类。营销单位的好处是显而易见的，单位人多，集中，效率高。有很多办卡高手，就是因为没有单位，业绩上不去。我自己就买过两本黄页，还向别人要过一本黄页。黄页已经把你要营销的客户单位分好了：首先是机关事业单位，其次是企业。这就是我们说的行职业，还有就是按区域划分，哪个区域有哪些单位。

如果不知道去哪边办卡，找一本黄页看看也是很好的方法。黄页就好比一个目录、一个寻宝地图，你只要按照黄页的分类和地址找到对应的单位，按照主管教你的进门八招、营销话术操练起来就可以了。上门推销没有什么好的绝招，走出去就是机会，见到人就是见到钱。马云在 1995 年创业时，做的就是中国黄页，他是把线下的黄页搬到线上。现在网络发达了，大家不怎么用黄页了，如果你还是找不到单位，建议多看看黄页。

行动练习：

1. 买一本黄页。
2. 自己按照行业列 100 个企业名单。

方法三十四　公交车坐到底

这种方法我听别人说过，自己也用过。

一般卡部早上都会开晨会，晨会结束后就是最迷茫的时候：去哪里办卡啊？如果没地方去这个方法还是不错的。这个方法好在什么地方呢？第一，解决了出门的问题，只要出了门，还愁办不到卡吗？第二，公交车坐到底都是很偏僻、很远的地方，也很少有人去办卡。一二线城市一般有几百路公交车，三线城市有 100 多路公交车，起点和终点乘以 2 就是 200 个地方，足够一个业务员工作两到三年了。第三，偏远的地方容易进门。一个很偏的地方，去的人少，被打扰的少，保安自然警惕性不会太高。找单位、进门确实是办卡的难点。当然你也不要傻乎乎的，只想着坐到底。如果路上碰到看起来比较好的单位，适合你的口味，也可以下车进去看看。

还有就是平时出去玩时，多留意，有国旗的地方就是单位。这是一个卡部老哥给我们讲的，非常直白：有国旗的地方都有单位。这也算是卡员的职业病，扫一眼就知道哪里有单位，适不适合自己的口味。计划好自己的时间，坐一个小时就差不多了，我在上海坐公交车，15块钱的那种，一上午就没了。坐得时间差不多下车就可以了。采用这个方法说明你业务规划不好，规划好了，第一时间就去办卡了。新员工都有这个问题，多干一段时间，等熟练就好了。

行动练习：

1. 单位门口有几路公交车，都是去哪里的？
2. 家门口有几路公交车，都是去哪里的？

方法三十五 扫街

扫街是陌拜的一种，但不是全部。陌生拜访是有计划地在一个区域或者行业办理业务，扫街是一些银行授信政策对客户群体要求不高的常见办卡方式。如果你的客群要求有社保，这种方式就不合适。

想把扫街做好，也不容易。扫街要穿一双舒服的鞋子，每天走一两万步是很正常的。扫街的话术比较简单了，一般看重额度，额度高客户都会办的，当然开卡也是比较简单的事。扫街也要安排好时间，中午热的时候，也要休息一下，不然中暑了就得不偿失了。扫街也可以做转介绍，乔·吉拉德说过，"每个客户背后有256个客户"，积极让他转介绍也是必需的。如果客户资质很差，那么可以让他找周围的朋友办，他自然会想到办法的。我的强项不是扫街，但我还是会一点的。我一般进去先看看，如果老板不是很忙就介绍一下，如果老板有客户就先等等。

帮助客户解决一些问题，如果碰到客户不会还款，被扣了年费，额度不涨，能解决的就帮助解决一下，客户也会对你多看两眼。利用我们专业的知识去解决他的问题，然后加微信，让他积极地去转介绍。

扫街也重在坚持，不能说问了三五个人，人家不办就放弃了；也不能说问了三五个人办过了，就说这个地方都办过了。既然这么好办，就肯定还有客户的。

作为新员工没有地方去，那就从扫街开始吧！

行动练习：

1. 找一个长一点的街扫一下试试看。
2. 扫街前要准备一双合适的鞋子。

方法三十六　产品功能营销

信用卡有很多好处，如果你只是问客户办信用卡吗，可能客户还不清楚是干什么的，也许就拒绝你了。如果换一个话术，你说办一个理财卡，可以购物打折，有 VIP 服务，还有加油优惠，其中某一点就可能吸引到客户了。

信用卡都有哪些功能呢？有四类主要功能：支付功能、优惠、理财、融资。还有三类不常用的：取现、代缴费、分期功能。每一种功能对应一种话术，每一种话术对应一类人。

例如：

针对年轻人，他们刚参加工作，收入不高，还要付房租、买衣服，平时需要应个急。话术为：你好，帅哥 / 美女。我们某某行的信用卡，取现免费，额度一万元到五万元，可以做个备用金，以备不时之需。

针对中年人，有车一族。话术为：你好，先生 / 女士。我们行的信用卡现在有加油八五折的活动，一元洗车，一元代驾，用起来很方便。

不同的人要有不同的话术，不同的功能也是给不同的人开发的。销售人员就是要在三言两语之间，发现客户的需求，然后针对需求，满足需求。信用卡是一个简单的产品，但是用好了也不简单。一张卡才几万元，但是十张卡就几十万元了。虽然在一二线城市几十万元也不够一个房子的首付，但是在三四线就是半套房了。当客户有资金需要时，你能否通过信用卡的功能，帮助客户解决问题，这也是你专业的体现。当你能帮助客户解决问题时，客户会主动跑到你这里来。

筑巢引凤，修炼好自己，让自己更加的有用，不愁办不到业务。基本功还是要扎实一点的，没有扎实的基本功，有客户也搞不定。

行动练习：

1. 你认为信用卡哪些功能比较实用？
2. 你知道你的客户最关心什么吗？

方法三十七　驻点营销＋上门获客

六大展业方法加上场景营销可以再组合出无数的营销方式。下面给大家介绍一种非常有效的组合营销方式：驻点营销＋上门获客。

驻点营销前面讲过企事业单位食堂驻点、商圈驻点、地铁站驻点，不管是以哪种方式驻点，第一要获得客户，现场成交；第二要获得资源。

在驻点时，要做好客户资源的登记。如果客户是优质单位的人，是不是可以考虑上门再去营销一下。这时就要想好上门的话术了。可以事先约定好，明天去给他送礼品，或者是等办卡之后再去给客户送礼品。如果客户是比较有能量的人，那就可以直接让客户转介绍了。如果客户年龄小，或者刚到一个单位，那就借着这个理由自己去陌拜。

我刚开始做团办时，就是利用一个驻点的资源，进入了一个汽车厂，做了一个团办。甚至这个驻点资源都可以是别人的，我之前在别人的点位上获得了资源，然后去上门拓客，效果是一样的。有些单位是不好进门的，但你如果知道里面一个人的联系方式，这样进门就比较容易了。这就是举一反三吧！做信用卡销售方法有很多，有些方法就是灵机一动想出来的。

驻点营销＋上门获客，可以让你的营销更加轻松，尤其是陌拜比较差的小伙伴。

行动练习：

1. 你还能举出哪些组合营销的例子？
2. 平时用的比较多的组合营销是哪种？

方法三十八　礼品营销＋转介绍

礼品营销不只是一个单纯的方法，更是一个促成的手段。

大家都知道转介绍很好，容易成功，但是怎样促成客户的转介绍呢？当我们见到客户时，动之以情、晓之以理，千方百计地让客户办卡，第一招可以是礼品，最后一招也可以是礼品。

礼品营销是非常有效的。单个客户可以用礼品促成，团办、转介绍也可以用礼品促成。当然，用的礼品肯定是不一样的，信用卡开发产品经理都设计好了开卡礼。精心的准备一份转介绍的礼品，看到合适的人、有能力的人，跟他提一下；或者是那些跟你要礼品的人。设置一个转介绍的台阶，例如，办三个送什么礼品，办五个送什么礼品。做这些事不在于你有多聪明，而是考验你有多细心，只要心足够细，事情就能做到极致。礼品营销要做好美化和包装，相信大部分卡员送的礼品不是很值钱的东西，这时就要在语言上美化自己的礼品，让客户觉得在你这里办卡很值。

转介绍可以每个人都问一下，也可以在一个有能力的人身上用力，开发一个单位。

行动练习：

1. 你觉得什么礼品适合做转介绍？列举三个理由。
2. 你成功地做过转介绍吗？一次办了几张卡？

方法三十九　缘故 + 团办营销

大家还记得六种基础展业方法的缘故法吗？我是做缘故营销比较好的，打个滴滴我都能开发一个单位。

一般来说，一个人的缘故关系有两种：第一种是"五同"法，第二种是"五缘"法，具体内容在前文已有过介绍，这里不再赘述。

在开发缘故客户时不要用一次就结束了，要深度地去挖掘。缘故客户是非常好的资源，把这个资源利用起来以后做业务会非常的轻松。以当下这个时间为节点，把之前所有的人际关系梳理一下，按照五同和五缘的关系分类。

有些新人来到信用卡中心时不好意思找熟人办卡，这个可以理解，熟人不好下手，不过你不要忘记市场是透明的，你今天不联系他明天也会有别人联系他。

"缘故 + 团办营销"类似"驻点营销 + 上门获客"。把你所有的人脉资源分个类，能介绍单位的优先办理。

信用卡中心很难招到能力很强的人，这是有原因的，这个中心给人的感觉就是很低端的销售。当一个有资源的人进入这个行业时，可以利用这个方法起步，当然最好在工作一段时间，知道怎么去谈客户后再做缘故开发。如果实在不好意思从亲戚朋友入手，可以从一般关系的人开始，从半生不熟，甚至只有一面之缘的朋友入手。通过熟人或者认识的人，进入一个单位，然后就可以利用这个关系去展业了。如果熟人肯介绍更好，不介绍自己去找效果也不会差的。

阿基米德的名言：只要给我一个杠杆和支点我就能把地球撬起来。销售就是这样，给你一个机会，你就要学会把握，进了门就看你发挥了。千万不要客气，不然就不是你的客户了。

团办的方式可以是自上而下的，也可以是自下而上的，因人而异。团办的过程中，可以使用礼品法、转介绍法，这样就把业务串联起来了。万事开头难，走出第一步很重要。列出你的缘故客户，然后大胆去邀请他转介绍。

行动练习：

1. 列出 100 个缘故客户。
2. 找出 100 个客户中有稳定单位的客户。

方法四十　渠道营销（中介资源）

在传统产品销售方面，渠道很重要，包括贷款产品，都讲究渠道的建设。因为你是无法找到很多人同时需要这个产品的。有资源的代理商可以找到这些客户。

信用卡销售可以借鉴传统产品的渠道建设，还要做到合规销售。信用卡销售是很讨厌中介客户的，就是客户是由中介提供的，尤其是黑中介。中介本来是完成供与需之间的桥梁，但是信用卡行业的中介臭名昭著，盗刷、伪卡、套现都是银行不能容忍的。

信用卡业务员如何建立自己的渠道？第一，同行的转介绍。有的同行可以搭档，有的也可以互相推荐客户。第二，信贷客户经理推荐。信贷客户经理碰到不需要贷款或者嫌利息高的客户，可以推荐给你。信贷客户经理有银行的，也有贷款公司的。第三，支付公司的。做POS机的是离不开信用卡的，虽然现在有网申渠道，但是作为客户经理去申请还是有优势的，不需要去网点面签了。

信用卡销售，渠道建设是锦上添花，不可能解决你业绩的问题，大部分业务还需要你自己展业。

行动练习：

1. 观察保险代理人和贷款客户经理的工作流程。

2. 还有哪些渠道可以办理信用卡？

方法四十一　PC 互联网营销

找客户和找对象一样，要广撒网。现在人通过网络找对象的不少，同样的网络也能找到客户。

我在南京工作时，刚开始做信用卡业务，平时喜欢上网。南京本地有一个论坛，叫西祠胡同，这里面都是本地人。2011 年时还不流行微信，移动互联网还没有成气候。我就在各种论坛转悠，有办卡的人会在上面留联系方式，虽然不多，但是还可以，也能遇到一些优质的客户。网络找客户，毕竟是被动的，数量有限。但是你可以在上面留下办卡的联系方式，让人联系你。留得多了，自然就有客户了。网络上有很多资源，想办法找到，以后就可以为你所用。

传统的线下办卡方式对人的体力、精力、心理素质要求还是很高的。网络办卡最大的好处就是：客户是需要卡的，会使用卡的，不需要你费太多的精力去培训客户。PC 互联网可以是主动出击，在一些论坛找到需要办卡的客户；也可以是留下一个"饵"，让客户来找你。

为什么说是 PC 互联网，因为还有一个移动互联网。现在大部分人习惯用微信、知乎、今日头条、抖音等上网。这个我们以后再说。网络营销最重要的就是会写销售信，好比你跟客户在聊天一样，吸引客户的注意，然后成交。有兴趣的人可以学习一下"克亚营销"，后面我也会讲这一部分。

他山之石，可以攻玉，很多其他行业的销售方法也可以用到我们信用卡销售领域的。

行动练习：

1. 尝试用搜索引擎搜信用卡、办信用卡等关键词。
2. 列出本地比较出名的网站，例如西祠、鹤鸣亭、淮水安澜。

方法四十二　社群营销（车友会，俱乐部）

前两年互联网很流行社群营销，当然主要是网络社群。社群是有共同爱好或者有组织关系的一群人的集合，老乡群、车友会、钓鱼俱乐部都是社群。传统的社群是有物理的场所的，比如 4S 店组织的车友会。由于移动互联网的发展，现在很多社群都是在网上联系的。

社群营销是比较轻松有趣的营销方式。一次参加老乡的聚会，有一个女孩给我分享了一个案例，我觉得很有意思，就是典型的社群营销。这个女孩的同事新买的车，4S 店组织车友会，每人 200 元费用，自驾游一天，中午提供团餐。这个女孩觉得这是一个很好的拓展人脉、寻找客户的机会，然后也参加了这个车友会，交了 200 元钱。

中午吃饭的时候有很多做业务的、开公司的老板，这个女孩便往车友会的群里发自己的微信二维码。据说微信主动加好友有限制，微信群里加好友没有限制。这个女孩后来成交了两个贷款案子，感觉效果不错，一直坚持做社群营销。

我自己在社群营销也有一些心得，主要是我比较善于聊天吧。2020年新冠肺炎疫情期间我打车认识了一个山东的老乡，然后进了一个老乡的群。这个老乡群里的人都是山东在淮安工作和生活的，我前前后后在群里也获得了十几个客户。

社群都是有共同爱好和需求的人，可以说是抱团取暖。做社群营销不要着急，首先跟群主混熟，达成一致意见，然后让群主发动群众。广大群友的力量是巨大的。众人的事情众人办，金融人最重要的能力就是撮合能力。

一端是储户，一端是客户；刚卖个理财，马上办个贷款。在做社群营销的时候一定要先服务后索取，你想要办业务，也要为群友做点事，请大家聚聚，联络一下感情也是好的。

行动练习：

1. 本地 4S 店有多少车友会？
2. 看一下微信里有多少个有价值的群没有去开发。

第五章　技巧

方法四十三　金元营销

金元就是钱。用钱怎么营销呢？其实买礼品也是用钱去营销的一种，你花 10 块钱买了一个礼品，让客户办了一张卡，客户开卡你就赚了 100 多元。办卡可以凭自己的能力，我有本事找到想办卡的人。还有就是我让别人帮我去办卡，然后我把提成分一点给他。金元营销，就是花钱办事，只不过是你把送给每个人的钱花在一个人身上了。他觉得拿到你的礼品或者钱值得，向他周围的朋友推荐你的卡。这里面就涉及找关键人，这个关键人不好找！人家平白无故地也不好收你的东西。建立信任很难，如果你能先给他办一张卡，这就是一个突破口，因为你们已经熟悉了。通过卡建立了联系，下面的话就好说了。舍得舍得，如果他能帮你办这个事，你就可以付出这个成本。如果有人主动跟你要提成，帮你去联系业务，那就求之不得了。这种好事不是天天有，做得长了也会碰到一些有资源想去做事的人。

首先你要有这种想法，钱不是问题，只要能办卡一切就都好商量，然后等待时机的到来。打个比方，如果你凭自己本事，一个月能赚一万；有人帮忙，你可以一个月赚两万，完全可以把多的一万块钱拿出一半分给帮助你的人。这样理解金元营销就比较恰当了。

做事要把握分寸，不要事没办，钱花了。金元营销我用得很好，有一段时间跟一个兄弟合作，屡试不爽，业绩也是相当的不错。

行动练习：

1. 钱是四个角，人是两条腿，是钱跑得快，还是人跑得快？
2. 信用卡跟现金的相似点和区别点是什么？

方法四十四　会议营销

会议营销在保险和直销行业很流行，在培训行业也很常见。

让卡员把客户组织过来开会，去销售信用卡，这有点不太现实。但是在客户单位，把会议室打开，吹着空调办业务，还是比较可能的。大多数情况下，我们是借助客户开会的时机，去宣传业务。首先是争取到单位负责人的同意，在他们开会前或者会议结束后宣传一下我们的业务。然后是把你的资料在讲解的时候发给大家看。最后让有意向的登记一下联系方式，现场办理业务。

如果你是第一次做这种事情，估计会很紧张，当着很多人的面估计都不知道说什么好。我的话术是：

感谢某某领导给我这次机会跟大家认识一下。

首先跟大家介绍一下我是×××××银行客户经理，网点在××××。欢迎大家去办理业务。

今天我给大家办理的是我们行的信用卡，可以透支××万元额度，加油打八五折，星巴克88积分兑换。欢迎大家办理，成功办理的送×××一个。

当你把这些讲完之后，基本上大家都听懂了，剩下的就是办业务了。这种方式营销效率很高，但是机会难得，要把握住。做业务不是一天两天的事，知道方法了，等待机会的到来，就可以一飞冲天了。

行动练习：

1. 你熟悉的客户都在什么时候开会？
2. 尝试过自己组织客户在会议室办卡吗？

方法四十五　向上营销

金字塔组织里面，级别越高，资源越多。

我们天天在市场上跑，在见客户，想尽办法搞定客户。送礼给客户，请客户吃饭，陪客户开心。你是否想过这些方法用在单位主管或者经理身上会是什么效果？银行是典型的金字塔组织，金字塔组织的特点就是：级别越高的人权力越大，资源越多。学会向你的上级去营销，很重要，也很有效。直销里面有一句话说得很好：跟上轻飘飘，跟下乱糟糟。这里面的上是指上级经销商，俗称领导人；下是指下级经销商，俗称下线。

信用卡中心一个城市经理带 3~6 个主管，一个主管带 10~30 个卡员。90% 的管理人员都是从一线出来的。向你的上级去营销有什么好处？不管是主管还是经理，多少都有一线的营销经验，向上营销能获得销售的经验。到现在我还记得我在深圳发展银行上班时，我们经理在面谈的时候帮我分析业务的情景。我说今天去了哪里，有个单位没进去。他很准确地告诉我那个单位在几楼，老板是谁，明天可以从哪里进去。一个组有很多人，一个卡部也有很多人，你不可能期望领导主动来找你帮助你，如果来找你可能就麻烦了。这一点我是吃过亏的，在我最近一次晋升的时候，我失败了。通过朋友了解到，我们总经理说我平时没有去跟他聊过。

大部分人在职场还是缺乏向上的沟通。除了业务上的指导，资源的倾斜也是一方面。主管有主管的权力，手里有好的单位给谁呢？肯定给身边最近的人、最信任的人。你是否是主管或者经理最信任的人？

现在各家银行卡中心有回归分行的趋势，有的已经回归了。分行在当地经营多年，行内资源、领导人资源都是需要开发的，你不去问，领导怎么知道你的想法呢？

成功的业务员既是好的市场开拓者，也是好的协调者，内外兼顾，能够为以后自己的发展打下很好的基础。

行动练习：

1. 你能营销到的最高领导人是谁？
2. 你准备信用卡销售干多久？

方法四十六　区域营销

要想提高办卡的效率，展业思路很关键。都有哪些展业思路呢？区域营销和行职业营销。

一口吃不下一个胖子，当你面对一个市场，不管是新市场还是老市场，都要耐心地一点一点地去做。怎样划分这个市场就很关键了。每个城市都有很多区和县，你不可能今天在南，明天在北。最好的方式就是找到一个自己展业的区域，大到一个县城，小到一条街，在划好的区域展业。

区域营销的好处显而易见：第一，每天有计划地工作。这个区域有几条街、有哪些类型的客群心里比较清楚。第二，节约时间。每天在固定的地方，时间比较好规划。第三，好收件，利于转介绍。如果是一个残件，很远的地方，你未必想去收，但是在展业区域里，就比较容易去收。

每个卡部都有一个展业区域，一般是以城市为单位。很多时候城市下面的县城就很少有人去营销，所以可以尝试去县城展业。

行动练习：

1. 区域营销用到哪些展业方法？
2. 你系统地做过哪些区域营销？

方法四十七 行职业营销

区域营销和行职业营销是很好的展业思路。

行职业营销好在什么地方？好在它的客群稳定，批核率高，转介绍容易。行职业怎么划分的？政府机关、建筑业是行业；老师、医生是职业。

做行职业营销首先把你要营销的目标单位列出来。例如你要营销××市政府机关，可以去政府网站去搜索，或者是手机地图上搜索，然后再去下属的单位网站去搜索。政府下面还有国企、事业单位。一层一层地把所有相关的单位找到。

做行职业营销最大的好处就是转介绍，公务员周围的朋友一般也是公务员，利于转介绍。至于说单位难进啊、相关的话术怎么说啊，可以跟主管学习进门八招，这个在"卡员商校"的"知识星球"里都有，只要掌握诀窍就不难。

行动练习：

1. 哪些行业客户喜欢用信用卡？
2. 警察是行业还是职业？

方法四十八　饭局营销

吃饭不重要，重要的是跟谁吃！

我在南京工作的时候，很少跟客户在一起吃饭，办完业务就离开了。近几年在外面展业，因为是外地人，客户也跟我很客气，留我一起吃饭。如果是我一个人的话，我都会参加，来吃饭的也都是客户的朋友，所以很容易地就能发展到业务。我能喝一点酒，所以有这种场合，也能应付得过来。这就是三四线城市的特点，城市规模小、人情熟，吃饭也是工作的延伸。男生在这方面是有优势的，女生最好有人陪同一起参加。

除参加客户的饭局以外，还可以自己组织饭局，这个难度可能有点大。在邀请客户前要想清楚怎么样说服人家参加，因为大多数情况下，客户的应酬也多，不重要的应酬客户也不会参加。这里面感情因素就会多一些，可以感谢客户的帮忙，然后让他再邀请新的朋友来，这样下次营销的对象就出来了。吃饭的时候，注意礼节，每个地方都有自己的风土人情，安排座位、敬酒不能太随性，事先了解一下。一般饭局都是6~8个人，人多大家都没有压力，除非有特殊人物需单独宴请，信用卡销售请一个人吃饭不容易成，给对方的压力太大了。考虑到有的人会拒绝你，所以请6~8个人最好。要想邀请到这么多人，可以找一个人组局，其他人参与，也可以一半新朋友，一半老朋友，这样效果更好。所有人的微信加一下，然后有侧重点地聊天，下次好去客户的单位营销。

行动练习：

1. 尝试邀请一个客户吃饭，让客户带个朋友一起参加。
2. 在客户的朋友圈点赞，看看有没有你们共同的朋友。

方法四十九　聊天销售

销售信用卡跟聊天差不多。聊得好了，客户帮你介绍业务，聊得不好客户不办。有经验的业务员都知道，想在一个单位团办，一上来不要着急办业务。找跟自己同频的人，或者看起来面善的人，跟他聊天。聊天的目标是要获取重要的信息：聊天对象是干什么的？领导是谁？什么风格？还包括单位人数、上班时间、人际关系网等。有的时候信用卡这个业务找领导不一定好使，有些特别好事的人也许职务不是很高，也可以帮到你的忙。这种聊天相当于准备工作，面对的是比较大的单位，通过聊天寻找突破口。

具体到销售的时候也就是聊天的过程，有的客户喜欢聊天，一会儿问你银行破产了怎么办，一会儿问你银行工作压力大不大。聊天就是察言观色，不要只顾自己想什么、做什么。回答得要有理有据，不卑不亢。有的时候要违心一点，回答客户想要听的，不然这天就聊不下去了。

聊天重要的是知道什么时候开始和结束。我们一天工作时间有限，除非特别好的朋友，一般陪客户聊天的目的是办业务。什么时候开始聊天由你决定，什么时候结束就要把握机会了，不能太生硬，业务办完了，就戛然而止，要恰到好处地收尾。

掌握好聊天的节奏，尤其是人多的时候，不能跑题，也不能太严肃。不要把销售想得太难，其实大部分时间是在跟客户聊天，谈笑之间业务就办成了。

行动练习：

1. 你都跟哪些人聊天，男的、女的、老的、少的、领导、员工？
2. 如果不是为了业务，你能跟陌生人聊多长时间？

方法五十　故事营销

故事营销是方法也是技巧。

银行对于大部分中国人来说还是一个高大上的地方，毕竟是跟钱打交道的地方，所以一般大家都很好奇你是怎么进银行的。我进银行卡部是机缘巧合，我当时在保险公司做代理人，领导安排在肯德基填调查问卷的时候认识了我的介绍人。保险公司代理人不交五险，我跟介绍人聊天的时候，发现卡部还是不错的，就安排面试了。这个故事也许是大部分卡员的缩影，投了简历就安排面试了。如果你要把这个故事告诉客户，客户估计对你也没有兴趣了。讲故事要有趣，有神秘感。一般客户问我是怎么进银行的，我都会说我有一个表哥在银行，推荐我到银行的。这个故事有趣吧！我确实有一个表哥在银行，但是跟我当时不在一个城市，也不是他介绍我进银行的。中国人习惯找关系，银行这么好的单位，当然在一般人眼中肯定是不容易进的。客户就是期待得到他心中的答案，他期望的就是银行不好进这个答案。

我经常会讲的第二个故事跟我异地展业有关系。最近几年我都是在外地工作，客户都很好奇我一个外地人怎么到淮安来工作的。对于我来说很简单，来外地就是为了赚钱，当时没想其他的。但是如果你要跟客户这么直白地讲，客户也会觉得很无趣吧。我一般会说，我跟我们领导来的，希望以后有一个很好的发展，新的市场机会比较多。这就是客户希望听到的，是来镀金的。

讲好一个故事，可以让你打开一片市场。每个人都是有故事的，看你怎么讲。

行动练习：

1. 试着把你的故事讲给朋友听。
2. 还记得小时候最喜欢听的故事吗？

方法五十一　感情营销

做事情要把感情放在第一位。

信用卡是一个冷冰冰的东西，对于大多数人来说，有与没有区别不大，更何况这种感觉还是要用了以后才知道。十年前我刚开始进入这个行业的时候，经常说的一句话就是"刚到银行上班，有任务，办个卡可以送一个礼品"。这话虽然简单，但很应景。当时毕业没有几年，形象跟大学毕业生差不了多少。确实能得到很多人的同情，尤其是家里有小孩刚开始工作的，能博得叔叔阿姨的同情分。

感情这东西用得好，确实能起到共鸣的效果。跟客户共鸣了，自然不愁业务了。有的时候客户会留我吃饭，这就说明客户已经把我当成自己人了。你是不是在真诚地为人处世，客户是可以感觉到的。这几年在三四线城市做业务，这种感觉更加的深刻。在小城市，人际关系更加的稳定，这时候通过打感情牌，只要一个客户就能引爆一个系统或者行业。这两年业务做得还马马虎虎，也确实得到了朋友、客户的帮助。有一个好兄弟帮我联系了很多业务。这些都是靠感情的投入，靠时间的积累。

感情是个加分项，在你业务知识和商务技巧熟练到一定程度之后，感情营销更能让你如虎添翼。当然，感情也不能用得太深，这东西容易伤人，点到为止。你真诚地对待人家，对方没给你办事，你说这份真诚是不是被辜负了。感情要恰到好处，不可多也不可少。

行动练习：

1. 谈钱伤感情吗？
2. 感情的世界里，付出就有回报吗？

方法五十二　公众号和视频号营销

在百度搜索了一下，微信是 2011 年 1 月 21 日推出的。我是 2011 年 1 月 17 日入职深圳发展银行信用卡中心的。微信公众平台于 2012 年 8 月 23 日正式上线，命名为"官号平台"和媒体平台。腾讯公司在中国互联网江湖的地位可以说是"武当"或"少林"的角色，微信强大的功能渗透到社会生活的方方面面。我大约在 2017 年就开始关注自媒体创业和营销，真正深刻领悟到移动互联网营销的魅力是从我做了卡员商校公众号。

个人用公众号销售信用卡可以吗？完全可以。没有接触过移动互联网营销的可能觉得网络营销有些难，但是利用公众号营销很简单。好比你发了一个朋友圈，告诉人家你是办信用卡的，让他联系你。道理虽然简单，制作使用却不那么容易。我把如何利用公众号营销信用卡（也可以是其他产品）告诉大家，大家可以去实践一下，边做边学。首先你要申请一个公众号，建议是订阅号，每天可以群发一次信息。公众号功能很强大，可以发文字、视频、语音等。公众号跟发朋友圈比，好在什么地方呢？文章一直存在哪里，每次用的时候转发一下就可以了。把公众号做好以后就要推广了。把你的二维码发到群里，有人办卡会在后台联系你。

公众号其实是一个数据库，关注你的客户都在数据库里。公众号是一个载体，你要有足够多的内容去营销，最后就是带货，只是你带的货是信用卡而已。公众号代替了你面对面跟客户说的话，实现了自动化的销售。想利用公众号去做内容销售的，可以尝试自己注册一个公众号，然后发布内容，吸引粉丝。提供信用卡的知识和使用技巧，关注你的人都是你的意向客户。

行动练习：

1. 注册一个公众号。
2. 跟信用卡有关的关键词都有哪些？

方法五十三　私域流量和企业微信营销

移动互联网的发展日新月异，私域流量这个词在 2019 年很火。私域流量对应的是公域流量，想做好私域流量，首先要找到公域流量池。说几个比较大的公域流量池，微信 2021 年月活跃用户 12.68 亿，微信在社交软件领域的霸主地位不可撼动。微信是最大的私域流量池。除微信以外，字节系三驾马车也很强大，今日头条用户数 6 亿，月活跃用户 2.6 亿，日活跃用户 2.4 亿。短视频领域最活跃的 App 是抖音，抖音的用户数是 8.09 亿，抖音日活跃用户是 6 亿，主要集中在 24~30 岁人群。

如何在这些流量池挖掘客户呢？每个流量池的运营机制是不一样的，微信常用的方式是引流，首先你要做好一个产品或者服务，然后通过分享的方式让用户去关注你。例如公众号就能很好地把公域流量转化为私域流量。但是有人想更深一步，把微信的客户引流到自己的 App 或者知识星球里面，建立自己的客户池，从而可以提供更加精准的服务。字节系的 App 都是采用算法推荐机制，同样是做好自己的产品，只要发布出去，平台就会为你推送客户，省去了自己引流的工作。两类平台各有各的优势，字节系可能更加适合普通人去运作，减少一个环节。面对上亿的客户，我们如何找到信用卡客户呢？还是要从信用卡的产品功能出发，把客户集中到一个群里。微信大家玩得都很好了，发发朋友圈，群发信息，关键还是要有足够多微信好友，量不多也不行。今日头条就比较好了，它采用的是推送，你把信用卡产品功能和知识点通过文字或者视频表达出来，等待系统推送就可以了。

有了足够多的粉丝，你就可以推送产品了，可以办卡，可以卖其他产品。这里面有一个问题，就是信用卡是金融产品，你虽然是信用卡的客户经理，是否可以在网络销售信用卡，不同银行的要求也是不一样的。有的银行明令禁止在网上销售，有的银行没有明确这方面的要求。普通的业务员把客户从微信公域流量引流到私域流量的最好的方法就是利用企业微信，企业微信不是只有企业能注册，个人也是可以注册的。可以邀请你的客户到企业微信，这里面不受其他人打扰，可以发一些有价值的东西。

在国外有一个观点就是，一个艺术家或者歌手，只要有 1000 个客户，也就是 1000 个粉丝，就可以养活自己了。信用卡业务员也一样，1000 个客户是基础，剩下的就靠裂变营销了。

行动练习：

1. 尝试注册一个头条号、抖音账号。
2. 自己的铁杆客户有多少？

方法五十四　搭档合作营销

我在卡员商校公众号分享过，在信用卡中心上班有三个人对你很重要：你的师傅、你的主管、你的搭档。有一个好的师傅可以让你快速入门，有一个好的主管可以让你进步飞快，有一个好的搭档可以让你干得更久。两个人搭档办卡这算是方法，有一个好的搭档能保持业绩的长期稳定。当然也有不找搭档的业务员，一个人出去展业的。

找搭档的好处是：

（1）互相监督，一个人总有偷懒的时候，有一个激情满满的搭档让你不能偷懒。

（2）互相鼓励，外出展业总会碰到一些不愉快的事，有人在旁边鼓励你一下，让你可以鼓起勇气见下一个客户。

（3）强强联合，每个人的展业方法各有不同，跟一个优秀的客户经理在一起肯定能学到不少东西。

（4）带徒弟，信用卡销售团队的组建很重要的一点就是传帮带。你如果今天带出一个徒弟，明天你组建团队的时候，别人也会帮你带徒弟。这样团队组建也比较顺利。

找搭档有这么多好处，有没有坏处呢？坏处也是一大堆。阴阳相对，好的反面就是坏。首先不得不说，搭档不好找，比找老婆还难。同一个银行的人在一起售卡，业绩容易上不去，除非是新市场。不同的银行授信政策不一样，话术不一样，有互相矛盾的地方。然后就是一起合作，钱不能看得太重。

如果你跟着别人学习，多付出一点也是必要的，礼品、吃饭费用多承担一点。如果你是主导者，让对方多付出一点成本，不然长期下去你也不高兴。我之前几个搭档都不错。我最近的搭档也还可以，人靠谱。跟别人在一起搭档，时间观念要强，不能浪费时间。

行动练习：

1. 看一下本单位营销前五名是否有搭档，是本行的还是他行的？
2. 比较一下是两个人办卡好，还是一个人出去展业好。

方法五十五　异地营销

何谓异地营销？去自己没生活过的地方营销就是异地营销。

我从 2014 年 12 月份开始做异地营销，连续做了两个城市，盐城和淮安，算是享受到异地营销红利的人。信用卡中心原则上都是属地管理，但是总行信用卡中心审批不会区分是哪个地方的客户，只要符合要求它都批。最早是哪个银行开始异地营销的我们不得而知，招商银行或者浦发银行？到现在异地营销已经玩得很嗨了，可以跨省了。早期信用卡中心只在少数几个一二线城市有，但是银行网点已经在三线城市建立，这些没有信用卡中心的城市也是可以办信用卡的。只是由当地的分支行办理，在总行信用卡中心的默许下，有些直销中心客户经理就可以去这些地区展业。面对一个陌生的城市、一个新市场，如何展开工作呢？到处都是客户，这也许就是新市场的魅力了。

要想做好异地营销，下面几步要做好：第一步，做好规划。我们当时从南京到外地展业都要经过总经理的面试，要把异地展业的思路说得很清晰，让领导知道你的想法。第二步，定目标。到一个新的市场肯定比原来的市场业绩要好，一个全新的市场中，每到一处必有收获。第三步，熟悉当地的风土人情。一方水土养育一方人，要想做好业务一定要熟悉当地的风土人情。第四步，保持激情澎湃的动力。可能一上来有个新鲜感，做了一两个月的业务，后面就没有动力。还是要保持激情，持续展业。

行动练习：

1. 想过去陌生的城市生活吗？
2. 如何突破你的业绩上线？

方法五十六　二次营销

2% 的销售是在第一次接洽后完成，3% 的销售是在第一次跟踪后完成，5% 的销售是在第二次跟踪后完成，10% 的销售是在第三次跟踪后完成，80% 的销售是在第四到十一次跟踪后完成。

以上是某些领域产品销售的成功率，信用卡销售虽然跟这个不好比，但是说去一次就把客户办完了，不想再去了，这种想法是错误的。

利用动户的机会做二次营销是很有必要的，一个熟悉的地方是很容易出客户的。首先要分析一下，如果这个地方人比较少，也就没有再去的必要；如果人很多，那么是可以再去一次的。就我个人而言，如果不是客户单位领导安排的团办，第一次也就能搞定 30% 的客户。最少要去两到三次才能搞定 50% 的客户。有的时候这次去客户不在，下次去他就在了。然后要做好登记，记录哪些人是要考虑一下的，还有就是比较忙的客户和没有拒绝你的客户。第二次去，可以再找他营销。不管是客户经理还是主管，业务不跟踪到头一场空。及时地跟踪自己的客户，不要让你的客户变成别人的客户。

行动练习：

1. 你是否有意向客户登记本？现在有多少意向客户等着办卡呢？
2. 一个意向客户，你可以跟踪多久？

方法五十七　资源对接营销

信用卡销售主要是看一个人的基本功，就是业务拓展的能力。当然有资源更好了，可以把一个单位全部搞定。资源对接营销要有非常大的脑洞才行。金融人的核心竞争力就是资源的撮合能力，左手一个理财，右手一个贷款，客户经理处在中间，银行就是一个交易所。

信用卡销售如何用资源对接进行销售呢？给大家讲个案例。我之前办的一个单位，一天办了 66 张卡，一个星期办了 160 张卡。2019年春节刚过，没有地方出去办卡，我就跑到涟水汽车站，想试试运气。碰巧这个单位的总经理和党委书记都在，一帮人在聊天也不理我，我问了一圈，突然一个人站起来说："大青年你这样做效果也不好。等我们财务总监回来给你安排一下，我们有一个传媒公司，你们来我们这边做点广告，我们给你办业务。"我一听这方法不错。要了电话约了时间跟他们财务总监谈这个事。最后跟他们财务总监、传媒公司老总、办公室主管谈了资源对接。最终确定他们组织办卡，我们在他们传媒公司做广告。我和另外一个同事，前后在这个单位办了160 张卡，我一天就办了 66 张。

资源对接营销确实是一个很好的方法。我们在银行上班，银行最大的资源就是有钱，只要能用钱解决的问题都不是问题。当然了，有些时候光有钱还不好使，需要关系去打通。银行除钱以外还有客户资源。很多商户需要客户资源，需要做引流，银行信用卡客户就是很好的资源，可以提供给商户，对接商户的资源。资源是有限的，要把资源最大化，不要浪费资源。学会资源对接营销，效率会非常高。

行动练习：

1. 目前卡中心或者分行能提供哪些资源？
2. 除了钱和客户，银行还有哪些资源？

方法五十八　借势销售

销售可以直来直去，也可以制造氛围，循序渐进，逐步成交。我比较喜欢制造氛围，借助外部的环境和话题展开工作。

我记得有一年我们单位在一个五星级酒店开年会，结束后不久我就去营销了。一上来话术就是："我们单位前两天在你们这开年会，你们的服务很好，我今天过来介绍一下业务。"

如果我们一上来就跟客户讲产品，有的客户可能还没有反应过来一堆问题就在客户脑袋里徘徊，你这业务就没法开展了。

借势营销就是借着某种力量、某种势能，把客户拿下。

去一个单位做团办，领导搞定了，这个时候就要借着这股势能拿下整个单位的人。

这种情况是从高往低借势。还有一种情况是借一个趋势。好比之前国家推动办理 ETC，这也是一种势能，是国家推动的。这个时候跟有车的人讲，如果你不办，以后上高速要排队，而且没有优惠。借着这个势能就把业务办了。

借势可以提高自己的能量场，有了这个势能，就需要找话题，见到客户不能尬聊。就拿 ETC 这个事来说吧！装 ETC 是利国利民的好事，但是有的客户不一定理解。有的客户说他不上高速，就在市区跑跑。怎么办？这时候可以说以后停车场也可以用 ETC 计费。客户不上高速总要停车吧！

目前来看很多客户都不习惯用卡，对 App 有天然的亲近感，因为微信和支付宝很方便。这个时候推广云闪付就很好，借着云闪付的势头再推广信用卡。云闪付是一个非常好的信用卡管理工具，可以绑定储蓄卡和信用卡，转账、还信用卡都是免费的，而且还发放消费券。

销售就是聊天，聊天就是找话题，建立联结，取得共鸣。借势和借力差不多一个意思，俗话说得好：借力使力不费力。有了外部的势能就可以帮自己建立很好的心理优势，这时候销售就是水到渠成的事了。

行动练习：

1. 信用卡产品最大的好处是什么？
2. 支付宝花呗跟信用卡一样吗？

方法五十九　团办营销

应该是第一次参加华夏银行信用卡中心的年会，一个大 BOSS 给我们讲话，提到了零售业务团办化的思路，要向对公客户经理学习，我记忆深刻。后来不管是贷款还是信用卡业务都出现很多牛人，可以把零售业务做成团办。

我来说说实践中常见的团办业务类型。一般一天一个单位出 10 张件就是小团办了，一天一个单位出 30 张件就是大团办。既然是团办了，数量肯定少不了。还有一个关键的概念就是团办的渗透率，最低也要有 30% 的渗透率，就是 100 个人有 30% 的人办卡，如果存量客户多就另当别论。

开发一个团单是很难的，时间和周期比较长。团单的开发方法有两类：第一类，从上往下办。首先找单位领导，或者企业负责人、部门负责人、财务，都可以谈团办。谈判技巧和话术可以随机应变，拉关系、找话题、谈合作，只要有切入口就可以了。第二类，从下往上办。我的很多团办都是从下往上办的，陌拜进门直接问，从技术、后勤、客服等部门开始办。这些部门讲闲话的人一般少。如果有人转介绍，那么效果会更好。不管是转介绍的人是领导还是员工，有一个熟人办事方便。

什么样的客群适合做团办呢？第一类，机关事业单位。这类客户容易办卡，可以找领导也可以自己从下往上办。找领导有难度，有些领导怕担责任，我们可以随机应变，领导不反对就可以。第二类，国有企事业单位。这类企业比较好办卡，人比较单纯，而且客户都缺钱，卡也不多，就是进门比较难，不然早就有人去办了。第三类，另类团办项目营销。例如房产开盘、物业交钥匙、车管所、汽车检测站。这些地方需要跟项目方去谈，需要谋划很长时间。

做团办是有很多销售技巧的。团办最好的方法就是找到领导或者负责人，动之以情，晓之以理，拉关系，套近乎，征得负责人的同意送点小礼品，这事就成了。如果想提高成功率最好是转介绍进去办，这样效果比较好。信用卡的销售还是要亲力亲为的，如果是学校客户，要早点去，不然时间是不够的。学校一般 8：00 就上课了，医院 7：45 就开始挂号了，所以要早一点行动。团办也要一个个地填资料，没有想象的那么轻松。我的很多团办都是驻点营销收集资源，利用上门送礼品的机会营销的。一般老员工都会做转介绍，转介绍到另一家单位，一般只要单位足够大，存量客户不多，十几张的小团办还是可以的。我个人的销售能力，主要是一对一的销售，还有就是陌拜。我在淮安做得比较好的两个单位，一个是陌拜进门的，开发区管委会，然后逐个办公室敲门；另一个是淮安市公安局，转介绍进门的，然后敲门陌拜，驻点营销，再转介绍。

人人都想团办营销，只要坚持总会有机会出现的。销冠的公式 =60% 的客户接触 +20% 的技巧 +10% 的运气。一个团办来得就是这么突然。

行动练习：

1. 你所在的机构业务最好的客户经理是做哪类客群的？
2. 你认为自己最擅长的客群是哪一类？

方法六十　关系营销

有关系啥事都好做，当然业务也好做，收入高，做起来轻松。

缘故客户算不算关系？应该算。有的人办卡从来不用关系，觉得麻烦，有的主管也不建议一开始就用关系办卡，没有后劲。用关系办卡不是不好，你要有维护关系和拓展关系的能力。好比汽车一样，只开不保养，迟早要报废。已经存在的关系，建议抓紧用，不用过期作废。既然想到用关系，不要不好意思，大大方方地说，这也不是什么坏事。要想好如何去开发这个关系，把关系背后隐藏的客户开发出来。

信用卡的考核有的银行不要求动户，这个对于卡员有好处有坏处，再去一次多一次见面的机会不好吗？把上次想说又没说的转介绍再说一次，这也算是维护关系吧！信用卡销售是一锤子买卖，很多卡员办完卡，客户发个微信都不回复的。不维护客户，哪来的转介绍？维护关系很重要！维护关系这个事，其实很简单，就是嘘寒问暖。当然了，最好是发自内心的，让客户看着太假就不好了。可能这一点保险代理人做得比较好，记住别人的生日和名字，然后过年过节问候一下。我相信卡员能做到的很少，如果你能做到，你就是高手。

卡员最重要的能力是拓展关系，在完全不认识的情况下陌拜，和对方称兄道弟，把关系建立起来。关系营销在一二线城市和三四线还不一样。一二线城市外地人多，如果你也是外地人就基本上没有什么关系可言了。三四线城市相对来说关系容易建立，本地人多，绕来绕去都是自己人。

我的一个搭档，他办卡不怎么找关系，但是去很多地方，尤其是在淮安开发区，一问都是自己人，有同学、老师、街坊邻居。由于城市化的发展，早先的邻居都搬了，所以，再见到还是很亲切的，多少还是能办到卡的。这两年办卡，我主要也是以关系营销为主。我自身有很强的亲和力，知识面相对也广，能跟很多人聊起来，关系也就迅速建立了，然后再利用关系去拓展业务。我在维护关系上做得也不错，舍得投入，客户开心业务也容易办。卡员要有舍得的思想，只有更多地回馈客户，下次业务才好办。在信用卡中心日常的营销培训中，最常用的是礼品营销、活动营销，但在实践中最有效的还是关系营销。

来到一个陌生的城市、陌生的市场，如何打开关系是一门学问。尤其是像三线城市，外来人口少，社会关系相对简单。只要找到一个突破口，就会打开一片市场。我在淮安市场一开始也是陌生拜访，转介绍也就是现炒现卖，最多一个办公室，自己家亲戚而已。我在开发区管委会办业务的时候，有一个客户介绍我到她爱人单位——公安局去办卡。公安局的一个客户又让爱人办卡，这个人可以说是我的贵人，或者恩人。通过他我打开了淮安的公检法市场，打开了政府市场。首先他是有这个能力的，然后就是他愿意做这件事。当时的方案是他提出来的，他组局邀请要好的朋友过来一起吃饭，把我介绍给大家。我在吃饭的过程中就去加大家的微信，结束后我再逐一去联系。吃过饭，这事就好办了。一般来的人职务也不是很高，最高的也就是科级。关键是客户愿不愿意去帮你办事。有了熟人的介绍一个单位就可以很快地攻破了。最好就是让这个客户在单位的群里发一个信息，信息的内容就是华夏银行来办卡了，没有年费，大家帮忙办一下。

"涟中"微信内容
注：图片由笔者截取。

上图是我通过公安的朋友介绍到一个中学去办卡，短信息一发效果非常好。这个人只是一个普通的老师，愿意帮你就不要在乎他职务的高低。他敢发就证明他在这个单位还是有一定关系的，不让大家讨厌。见到客户就跟客户讲我是谁介绍的，来办业务的，有礼品，没有年费。总归有人愿意帮忙。

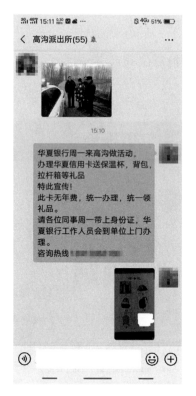

高沟派出所案例

注：图片由笔者截取。

上图派出所也是我朋友介绍的，一起吃过饭，然后就去办业务了。微信一发，礼品一发，当天就团办了二十多张，这还是以前有人办过的情况下。朋友介绍的业务一定要维护好，不能浪费了资源。

行动练习：

1. 有哪些关系要经常维护？

2. 关系到位了，客户没办为什么？

方法六十一　下沉营销

下沉营销是互联网领域的专业术语。要想很好地理解下沉营销这个专业名词，你要了解一下我们国家的行政结构。

中国两千年前就实现了国家统一，就是秦始皇统一六国，统一度量衡，施行郡县制，实现了中央集权。中国在历史上一直是很强大的，是四大文明古国唯一没有中断过的文明。中华文明能够延续两千年，我觉得跟两个制度有很大关系：一个是行政上施行郡县制，另一个是文化上施行科举制。郡县制厘清了中央和地方的关系，虽然有矛盾，但是在发展中解决问题。我们现在施行的行政结构虽然名称跟古代不一样，但大体上是继承下来的。行政级别是中央、省或自治区和直辖市、省会和地级市、县级市和县、县镇和乡、村和屯。文化教育类似科举制，人才通过层层的选拔，大量的人才被集中在大城市和省会城市。典型的就是腾讯在深圳、百度在北京、阿里巴巴在杭州，新的独角兽企业也都在北上广深，例如美团在北京、今日头条在北京、滴滴在北京。所以互联网企业要做下沉营销，把产品和服务输送到二线、三线甚至四五六线城市去。

同样地，银行总部都在大城市，最差也是省会城市。从直辖市或者省会把信用卡发行到地级市、县城、乡镇，这就是下沉营销。感觉是不是跟异地营销有点像？像是像，但有区别。异地营销最多做到市区就不错了。很多卡员做业务都是东一榔头西一棒槌，很少有卡员能把一个系统或者地区吃下来的。

下沉市场是一个营销的思路，我在华夏银行的时候有一个主管就经常带组员去乡镇做营销。到下面去营销有什么好处呢？比较好进门，高楼大厦到处都是门禁，这一点我就不太习惯，所以就去乡镇或者县城，进门的难度小得多。县城和乡镇民风淳朴，客户的戒备心小一些。一般本地人多，方便转介绍。一个县城机关单位也不少，条条块块都有，一定要做深度的开发，我做过深度开发的县城有盐城阜宁、滨海、淮安涟水。

信用卡的市场还是很大的，永远也办不完。

行动练习：

1. 看一下自己所在的城市有多少处级行政区域。

2. 有没有找一个搭档一起做下沉营销？

方法六十二　师徒搭档营销

在前面提到的营销方法里面，第五十四种营销方法提到了搭档合作营销。

这一节师徒搭档营销是搭档营销的细分，搭档营销可以分成三种：第一种是师徒搭档；第二种是同业搭档；第三种是同一单位搭档。具体的搭档还可以分成男女搭档、强强搭档、临时搭档、固定搭档。

师徒搭档是很常见的一种展业方式。我刚开始进入信用卡中心的时候，什么也不会，但是有一股干劲，业务水平中等偏下，当时主管就开始让我带新人出去展业了。那时候也不存在搭档的问题，主管安排的，就尽自己最大的努力吧！实际上新人只能看到我的勤奋，学不到什么方法。当我在卡中心有一点点成绩之后，我开始找比我优秀的人带我去办卡。我当时都是先找单位，找到单位后找业绩优秀的同事带我去办卡。一开始我都是给同事拎包或者是拎礼品，然后看同事办卡。

我记得有一次我在南京东站找到一个铁路局的宿舍，我喊了一个业绩很好的同事来。当时快到年底了，天气很冷，同事骑个小摩托就来了，然后跟工人师傅聊天，说过来送太空棉的枕头，年底有一万张发卡任务。我听得云里雾里的，就看着一帮人在填资料。办卡这东西就看气氛对不对，对的话就是一阵风，然后就结束了。不对就麻烦了，问一个不办，问两个一对不办。

后来我发现了一个区政府可以进去，然后就回单位找最优秀的业务员，请她陪我去办卡，她当时已经晋升主管了。我记得很清楚，两三个小时十几张件就办好了。感觉也没学到什么东西，最后一张我记得很清楚，一个女副局长，一直犹豫不肯办。我就看着她们两个人在那里玩太极，你一言我一语的，其实办卡就那几句话："我们银行产品还不错啊""我们活动挺实惠的""我们也不容易""我们都是有任务的"。反正就是这几句话，翻来覆去在讲，最后终于把这个局长感动了。这个客户办好了，也快下班了，我这个师傅就带我出去了。

师徒办卡首先要学会做一个徒弟，要学师傅的本事，看懂师傅的手势和眼色，能帮忙的帮忙，不能的就学着。

经过勤学苦练，我也成为一个很好的师傅了，办卡能力、演讲能力、带徒弟能力都有了很大提高。

当我们成为一个业绩高手或者成为一个老卡员的时候，带徒弟第一件事就是学会表演。我们带一个新人出去展业，新人很少像我当年一样去之前就已经想好去哪些单位和怎么进门。大部分情况是我们找一个单位，然后表演给他看怎么进门、怎么办卡。所以说事先要做好规划，包括去什么单位、怎么进门。

我带过不少的徒弟，后来也有不少成为我的搭档能配合我一起办卡的，他们帮我拎礼品、拎包、开车。师徒搭档也是非常好的方式，强强搭档，还要互相迁就一点，而师徒搭档可以更加的默契。

我的几个师傅，有的还在信用卡行业，做得风生水起；有的改行了，另谋出路。我带过的徒弟，成就都比我大，大部分离开了信用卡行业，有的去做贷款了，有的去做理财了，还在这个行业的很少。

当你是新人的时候学会当别人的垫脚石，当你是师傅的时候学会成为别人的肩膀，成就别人才能成就自己。

行动练习：

1. 找一两个能进得去的目标单位，然后请最优秀的同事陪你一起去办卡。

2. 如果你是老业务员，学会观察一个新人能干多久，提高自己辨识优秀业务员的眼力。

方法六十三　同行组团营销

俗话说得好：同行是冤家。但是信用卡销售真不一样，同行可以是搭档，也可以是合作伙伴。

新人入行没人带，主管都会帮忙找个搭档，这个搭档可以是一个卡部的，也可以是其他卡部的。目前股份制银行都有信用卡中心，大的卡部有交通、广发、华夏、兴业、招商、民生、浦发、中信、平安等卡部。两个同一个银行卡员在一起效率可能会低，有分业绩的问题，不同银行的人在一起就不存在分业绩的问题。

如何找搭档是个学问。我这么多年有很多搭档，有本行的有其他银行的，有男生有女生，基本上不懒的我都能接受。我刚开始办卡没几个月，主管给我介绍了一个搭档，是卡部老员工，刚结婚，突然没有动力了，找一个新人带动一下。这个兄弟毕竟是老员工，办卡的思路很好，当时开车带我到汤山去办卡，好像是个汤山工人疗养院，办得不错。后来有一段时间我带一个小女孩办卡，什么也不会，帮我拎礼品的。前面两个人都是其他银行的，一个是广发银行，一个是华夏银行。我后来就去了华夏银行，跟本行的一个同事学习，给他拎包，跟同事搭档办卡。在我来华夏银行之前，我一个最重要的搭档也是合作时间最长的搭档也是华夏银行的。后来去干了餐饮，赚了不少钱。我们当时配合得很默契，他稳重深沉，我活力四射。找领导盖章他去，进门打先锋我去。后来我进入华夏银行也是他介绍的。在平安银行的后期都是在带徒弟，跟本行的在一起合作办卡。

做贷款都是本行的一起合作，我一个好朋友，我介绍他进华夏银行，我离开了，他又介绍我回华夏银行。我记忆最深刻的就是他的两句话，一句是人生要有代表作，另外一句就是他（保安）需要一个答案。在如何进门这一块，他是专家。来到淮安一个最重要的搭档就是广发银行的，在一起配合得也很默契。他是本地人，路熟，人老实肯干。找搭档一开始都是主管介绍，后来认识多了，可以自己联系。不管是别人带你，还是你带别人，要有点时间观念，卡员都很勤奋，认真努力。

行动练习：

1. 如果需要搭档，可以要求主管介绍。
2. 列一下本地有几家银行信用卡中心。

方法六十四　企查查营销

首先是为什么要用企查查。企查查是一个很好的销售线索获取工作，现在办卡各家银行都要提供企业查询信息，公务员事业单位、有限公司是可以办理的，个体户是限制客群。我们平时主要用企查查看客户单位是否符合办卡资质，我们是先找客户，然后再看符不符合条件。下面我们就利用企查查、天眼查、启信宝三款类似 App，先查企业，符合资质再办卡，最起码在企业资质上不浪费时间。

其次是如何使用企查查。

方法一：搜附近企业和附近公司。企查查第一页有一个功能是搜附近企业，如下图所示。

企查查页面

注：图片由笔者截取。

我现在所在的位置搜出来的企业如下图所示。

附近公司

注：图片由笔者截取。

上图中第一家是个体户，个体户办卡有的银行要求注册满三年，我们点开看一下：2017 年注册，符合要求。这个企业是 2017 年 3 月份注册，符合办卡要求。

第二家企业如图"企业详细信息"所示，手机号码、联系方式、公司性质、参保人数都能看到。通过搜附近公司的方式，我们可以大概知道公司是否符合要求。每天晚上整理出 20~30 个客户名单，可以联系好，也可以直接上门拜访。我刚才搜的附近公司是我家附近，有5000 家公司，平均一个公司 10 人，这样就有 5 万人了。

方法二：还是搜地方。假设你把附近的公司，能办的都办了，就可以按照地方来搜，例如淮阴区王营镇。按地点来搜，如图"淮阴王营的企业"所示。

图"淮阴王营的企业"中第一个公司已经注销了，按照这样联系起来就很有效率了。这样做有一个好处，能联系上的人都是单位负责人，如果办就是一个单位。当然了，需要你在商务谈判上下点功夫。

企业详细信息
注：图片由笔者截取。

淮阴王营的企业
注：图片由笔者截取。

方法三：搜行业。比如淮阴区建材，如图"公司状态"所示。

最后是总结。获取客户资源和联系方式是非常重要的能力，企查查上有很多获取企业信息的方法。一个 App 可以搞到几乎所有的企业老板的信息。

公司状态

注：图片由笔者截取。

行动练习：

1. 尝试用电销的方式去邀约办卡。

2. 企查查信息准确，还是启信宝信息准确？

方法六十五　裂变营销

传统的信用卡销售主要是面对面的销售。转介绍这种销售方式就是裂变营销的雏形。

让我们回顾一下转介绍这种销售方式：当我们认识一个人，可以是缘故也可以是刚认识的客户，通过礼品或者感情让他为我们介绍客户，这就是转介绍。

如果甲介绍了乙办卡，乙能否介绍丙办卡？丙能否再介绍丁办卡？裂变营销的高明之处就是可以多层次地、无限地发展下去。裂变营销在互联网领域用得比较多，我们信用卡销售也可以拿来用。裂变的前提是你要有一个很好的种子，就好像转介绍一样，客户为什么要给你转介绍？什么样的客户会为你转介绍？转介绍的客户分三类：第一类，客户很热心，喜欢帮助人，人际关系好；第二类，看重你的礼品或者为人，想帮你转介绍；第三类，有求于你。这些就是裂变的种子，有一个好的种子就会生根发芽，能多层次地裂变。

线下的裂变就是口口相传，线上的裂变可以写销售信，做活动。介绍两种裂变的方式：第一种，用礼品或者诱饵。经常能看到公众号或者小程序分享的链接，分享两个群可以获得免费的资料或者礼品，这就是利用礼品来裂变的。第二种，活动法。不管线下还是线上，组织有意义的活动都是必须的。围观是国人的天性，把围观的人转化为客户，裂变就成功了。

信用卡销售是一种短平快的销售方式，可能你不会想这么多，但是信用卡销售很少有人会干很长时间，所以多学一点其他领域的东西，有助于你转型，为以后发展打下基础。这本书是写信用卡销售的99 种方法，有的方法是销售的方法，有的方法是营销的方法，大家细细地品味。销售是短兵相接，上来就要成交；营销是营造氛围，慢慢成交。做信用卡你可以马上成交，也可以慢慢地成交，当然了马上成交的比较多。裂变营销就是要慢慢地成交，但是效率一样很高，穿透力很强。

行动练习：

1. 转介绍和裂变营销的区别是什么？
2. 礼品和诱饵怎么选？

方法六十六　谈判销售

我的销售能力其实很一般，在做信用卡销售之前我做过招投标的销售。工业领域的招投标销售水很深，排他性很强，用了你的就不能用其他产品。人际关系也复杂，关键人也多。信用卡销售是可甜可咸，既可以跟单位负责人谈判，也可以跟一般员工推销。

我进入销售行业也是机缘巧合，当时我很缺钱，做技术，搞培训，这些来钱都很慢。一开始是准备代理数控机床产品。后来我的老板，也是校友，劝我去他公司做销售，我就同意了。销售这个行业，进入的门槛低，会说话的都能做销售，可是要想做好也不容易。我当时做的产品是教学用的数控机床，每天就是看招标的信息，其实招标都是有标底的，当你看到招标文件的时候，哪一家做其实都定下来了。当时我不懂，看到标书去了几个学校，跟人家谈，没有什么业绩。工业品的销售，在早期就要进行跟踪了。其中任何一个关键人物都有可能拒绝你。

信用卡销售要想效果好，第一可以用关系，第二就是谈判销售。谈判销售其实很简单，目标也很明确，你已经知道这个单位能做了，就差单位同意了。以企业为例：首先你肯定是找到一家企业，然后找到关键人物进攻。这个关键人物可以是老板，可以是财务，也可以是办公室职员或者人事。然后就是谈判的过程，既然是谈判，就要有筹码。如果你一说，对方就同意了，这可能是巧合，一般不会这么容易成功。经常碰到的情况是互相推，或者是直接拒绝你。事先做好功课，把自己的筹码准备好，最好是在客户拒绝你之前就把筹码抛出去。重点放在能给客户或者谈判者本人带来什么好处上，只要理由合适，客户是无法拒绝你的。谈判的过程也不可能一帆风顺，给自己和客户一个台阶，一次谈不成，留一个话题，下次接着谈。成功的谈判专家都是有耐心的。

行动练习：

1. 跟谁谈判最容易成功？
2. 客户没拒绝也没同意怎么办？

方法六十七　社交营销

我平时喜欢看书，能接受新鲜事物。尤其是社交软件也比较发达，可以让我们接触很多新鲜的东西。社交营销就是这两年众多新鲜事物的一种，更直接地说是社交电商。如果你有很多群的话，类似拼多多、达令家、贝店、云集、店多多这些都是社交电商平台；还有好省、蜜源、桃朵、芬香这类分享优惠券的平台。

传统的社交，有很大的局限性，受时间和地域限制，发展的人数有限。在移动互联网的作用下，社交营销或者说社交电商做得如火如荼。微信作为一个社交 App，为国人所接受，使用率和使用习惯已经养成。消费者的教育工作已经做好，移动支付的购物习惯已经养成。前几年的微商大行其道，有成功的，也有一些诟病。

拼多多就是典型的社交电商 App，它利用人的友善心理，通过拼团、低价、拉人头，迅速地发展起来，发展速度之快让人瞠目结舌。好省、蜜源这类 App 兴起的原因是淘宝看到微信用户这块肥肉自己吃不到，就利用人的社交关系发展代理人，给中间人一点好处，让客户发展客户。

众多的企业参与进来，社交营销一定有它与众不同的地方。社交的裂变速度快，只要找到一个有能力的人，就可以打开一片市场。

社交营销靠的是人的信任，因为销售的本质就是解决信任不足的问题。通过人设的打造让自己成为可以信赖的人，然后再分享一些有价值的东西，逐渐地吸引客户的注意，然后成交。社交营销，以微信为例：发发自己的动态，要发工作或者产品，但也要发一些生活的内容，给人一种完美的人设，建立信任，互相点赞、评论，时间长了，不熟也熟了。最后成交只是一瞬间的事。

大家不要以为社交营销只是做做微信、发发朋友圈。社交类 App 有很多，脉脉职场社交软件、抖音短视频 App 也有互动的功能。

信用卡销售用社交营销效果也很好，当你营销的时候，有些人当时没有办，也可以加微信，然后后期成交。当我们的朋友圈没有效果的时候，可以用客户的朋友圈，发你的产品，然后成交。社交营销需要细水长流，让自己的社交资源变现。

行动练习：

1. 你有几个微信号？好友多少个？
2. 试着经常给别人点赞。

方法六十八　知识营销

我们上门去销售、去推销，是在传递一种态度和一种能量。

见到一个人，我可以想出 30 种以上的方法让他成交，其中一种就是知识营销。我们推销的是产品和服务，当然也是知识和价值。很多人用信用卡，但是他们真的知道账单日和还款日是哪一天吗？知道什么时间刷卡免息期最长吗？有关信用卡的知识，有很多。有很多人想申请信用卡，不知道哪一个适合自己。如何申请才能额度最大？一个月能申请几张信用卡？哪些信用卡的优惠力度大？信用卡的消费者权益保护怎么样？被盗刷了怎么办？哪家银行的积分更加值钱？

我们可以利用礼品和人际关系让客户帮忙办卡，也可以给客户传递我们的知识和价值，让客户感知到信用卡的好处和方便。首先，知识营销时，自己要有足够的产品知识和业务知识。平时要多学习和了解关于信用卡的相关知识，就拿信用卡的还款来说吧，十年前信用卡不好用的原因是不好还款，银行网点少，还款不方便，当时超市有一个设备可以自助还款。后来支付宝可以还款，手机银行可以还款。这几年支付宝开始收费了，可以用云闪付还款。信用卡可以用来理财，最直接的方法就是买积存金，然后到期赎回。相当于银行借钱给你投资，当然了投资有风险，入市须谨慎。很多银行有联名卡，如果经常坐飞机，就可以选择航空联名卡，积累积分，获得联名卡的福利。

其次，知识营销要想做得好，要利用好宣传的载体，学会引流，简书、今日头条、知乎，这些都是好的载体。把信用卡的相关知识通过视频、文字、问答的方式发布在今日头条、知乎等平台上，就有人关注你了，然后就可以营销自己的产品了。这种营销有些慢，但是长期下去效果还是不错的。

最后，知识营销要长期坚持做。前期可能有些慢，长期来看，效果还是不错的。

行动练习：

1. 把有关信用卡的关键词列出来。

2. 知识营销都有哪些载体？

方法六十九　话题营销

有人说信用卡销售没有什么技术含量，他说对了一半。聊天本身也是有技术的，有的人说话人家就爱听，有的人说话，客户就是爱搭不理的。信用卡销售80%时间是在聊天，有的是为了成交，有的是为了缓和紧张的情绪，有的是为了转介绍。销售也不是漫无目的地聊，要有话题，有切入点。

话题营销就是聊天。形容一个人八面玲珑、善于交际，经常说的一句话是：见人说人话，见鬼说鬼话。虽然有些贬义，但是这句话是对的。销售聊天的话题，平时要有所储备，当然跟人的阅历也有关系。

首先是确定跟什么人聊。比你小的，如果一个人刚工作没有多长时间，可以聊聊工作；跟你同龄的，可以聊聊上学、找对象、带小孩；比你大的，可以请教一下工作和生活经验；比你年长的，那就听他说好了，随便一句话，都是醍醐灌顶。跟单位领导聊最近社会热点，国计民生；跟员工聊单位待遇、发展。

其次是话题内容。跟男的聊篮球、足球、乒乓球；跟女的聊生活、美食、网购；跟老的聊养生、健康和娱乐。

如果想时髦一点，可以看看微博的热搜、今日头条热点，本地新闻和人物也是必不可少的。

最后是八卦和隐私。在传统的销售培训中，隐私、年龄和收入是禁忌。其实在现实生活中，国人大部分是八卦的，喜欢聊这些话题。个人理解就好，尤其是我们营销的客户，一般私企、外企这方面敏感，机关事业单位都差不多，只是在福利上有点差别。

任何话题聊得适度就可以。我们聊天是为了更好地展开工作，把握好话题方向和时间进度，获取到足够多的信息就可以结束聊天了。

行动练习：

1. 什么样的客户讲话停不下来？
2. 本地最近有哪些新鲜事？

方法七十　活动营销

销售和营销是很枯燥的，就是那么几句话，但是有的人就能把这些枯燥的工作干得有声有色。活动营销就是通过活动，让客户办卡更有趣。

银行的信用卡都是有活动的，美食五折、加油八五折、九元看电影、一元洗车、超市满 200 元减 100 元。这些市场活动不能只停留在纸面上，要积极地宣传这些活动，最好是在商户的现场驻点办理，让客户能及时地参加这些活动。以上是活动营销的一个方面，就是已经有的活动的运用。

还有一类是自己设计、自己组织的活动。组织活动是考验一个人的能力的。大型的活动效果是非常好的，给大家举个例子：通过抽奖的活动组织办卡。这个活动，在医院、企业比较忙的地方举办效果好。首先印一些宣传的资料，把时间、地点、活动内容、礼品单印上去。然后就是预热，不急着办业务，到每个科室去宣传什么时间和地点带身份证去抽奖，告诉他们百分百有奖，最低的是洗衣液，最高的是电动车。这个活动是同行组织的，效果非常好。还有其他活动可以组织，比如打牌、老乡会。控制好活动氛围，让更多的人参与进来，办卡就是非常简单的一件事。

行动练习：

1. 自己组织一个有趣的活动。
2. 有哪些进不去的单位？这些单位可以用活动来切入吗？

方法七十一　强势营销

信用卡销售 90% 用的是推销的技巧，就是你不需要但是我要卖给你。所以就有了送礼品、拉关系、转介绍这些方法。正常人理解不了销售这份工作，一说销售打心眼里不想做，是有原因的，感觉像求人一样，其实就是求人。在信用卡销售里，强势营销是非常需要的一种方法。信用卡销售分三步：第一步，找单位，做展业规划；第二步，进门，了解组织架构；第三步，办卡，签单，转介绍。

第一步，是对自己的强势。规划做得越细致越好。很多卡员做工作是没有规划的，开完会就迷茫了，没有地方去就找个肯德基或麦当劳坐一上午。别人下班，你也下班，这种思想是要不得的。下班以后要想清楚明天的方向，有的时候自己也很累了，想放松一下，但是如果没有做好规划就是对自己的放纵。对自己要强势一点，对自己要狠一点。做信用卡无非就是去哪里，怎么去的问题。有转介绍和缘故更好，没有就陌拜，这样也不错。去一个地方，有哪些单位可以营销，一定要列在本子上，然后按照这个顺序去见客户，一个不行还有下一个，做到有备无患。怕就怕手忙脚乱，到一个地方，发现没什么人，然后换一个地方去办卡，这就犯了办卡的大忌。时间是浪费不起的，一定要按照计划就近找一家单位，然后开始陌拜。对自己要求高一点就不会犯这些低级的错误。

第二步，进门，了解组织架构。进门这个事说说很简单，其实也没有那么简单。除了商场和医院，哪个单位还没有一个保安呢？进门的方法很多，上班的时间很难，问你找谁也不知道。我一般用得比较多的方法是，早上和中午随着上班人进去。这一点也要对自己强势一点，早一点起来，早点出发。我很早就明白一个道理：做卡这个事，有业绩啥都好说。早上有客户，可以不去打卡，让主管帮你处理。如果连公出都做不好，那么这就不是一个好主管。对自己强势一点，对领导强势一点。有业务就不要开什么早会了，先去办业务。进门要强势一点，你最好把保安、前台当成一个摆设，不然有你受的。我非常欣赏我朋友的一句话："他（保安）就是需要一个答案，即你来找谁的？把答案给他就好了。"这需要你做好前期的准备，这个单位是做什么的，你来找什么人办什么事，例如工商管理局，查档案的；劳动局，办就业证的；教育局，小孩转学的。需要答案给他就好了。

第三步，办卡这个事情，最需要强势了，没有客户是等着你去的。客户为什么要在你这办，为什么今天办，除了你销售话术好，强势的营销也很重要。在客户犹豫不决的时候，帮客户下一个决定："相信我没错的，填吧！礼品不错，活动不错。"我的强势营销做得一般，我有一个朋友做强势营销非常的好，人长得高大，说话声音洪亮，只要他去过的地方全都搞定。这就是高手的办卡方式。

转介绍这个事，不是靠等的，不是靠客户自觉的，客户没有那么自觉的，你要主动地要求转介绍，你不说人家怎么知道呢？做不了销售的人，大部分都是软弱的人，或者是不愿意尝试做一个强势的人。强势一点没有那么难。

行动练习：

1. 你一天工作几个小时？

2. 你见过最强势的人是做什么的？

方法七十二　催眠营销

如果不是客户主动要办信用卡的，我们让客户填资料办信用卡还是有很大难度的。就算有关系，如果不够硬，也是一样的，人家未必买你的账。催眠营销是让客户在不知不觉中把业务办理了，很多时候有些客户，你让他提供家庭住址、联系人这些敏感的信息还是很困难的。催眠营销第一步是让客户放下戒备心，一个陌生人站在你面前，谁都会紧张的，而且聊的都是跟钱有关系的内容。

讲催眠营销之前我聊一下个人的形象和素质这一块。有句话说得好：师傅领进门，修行看个人。同样一批进卡部的业务员，同样的条件，年龄相仿、学历经历类似的人，有做得好的，也有做得不好的。这里面有什么问题吗？主要是两方面：内在的素质和外在的形象。有的人就是不修边幅，大大咧咧的。客户对银行从业人员还是有一定人设标准的，如果你形象不过关，不要说给客户催眠了，一上来客户就是拒绝的，怎么谈也谈不好。所以说在职业形象上，从头到脚一定要捯饬捯饬，先天不足，后天来补。黑皮鞋、深色的西裤、白衬衫、五官端正没有胡须、头发整齐，给客户舒服的感觉。内在的素质不是短期能改变的，最好就是少说话，点到为止。

催眠营销简单点说就是让客户在忽悠忽悠之中就"瘸"了。信用卡销售，要的是氛围和时机，客户的需求稍纵即逝，一个眼神一个动作不到位，客户就可能不办了。说一下来意，大家都办了，客户的从众心理很强，氛围上来了，客户办得也顺利。关键就在于我们怎么样去营造这个氛围，所以最终还是回到个人的形象上，不能让客户对你的身份有所怀疑。

催眠营销是在利用人的潜意识，就是所谓的触景生情。我以前的领导跟我分享过一个经验，当我们跟客户聊得很开心的时候，市场活动也讲了，客户对产品也满意了。这个时候你下意识地把笔和表给他，是不是就顺利地签单了呢！这就是我们营销过程中的小技巧，客户看到笔的时候自然而然地就想到写字，这就起到了催眠的作用。

行动练习：

1. 观察客户在看团办登记表的眼神。

2. 一天中哪些时间段容易成交客户？

方法七十三　洗脑营销

洗脑有的人听起来感觉不舒服，或者怪怪的。其实没有什么，只要是合法地做事，被人洗脑和给人洗脑就都是极好的。

小的时候大家被洗脑，家长和老师说你要好好学习，不好好学习将来没有出息。如果你听了，成为学霸，到大公司上班，起步就是年薪百万。华为的天才少年计划最高档 201 万年薪。有的人工作十年都拿不到，就算是创业者或者当小老板也是望尘莫及。我相信很多人来到卡中心也是被主管洗脑的：好好干月薪一两万，还是没有问题的，三五万也是能实现的。

业务要做得好除了个人努力，主管的能力很重要，能不能给你洗脑成功，这药下得猛不猛，到不到火候都要看主管的能力。我以前的领导开一次会能让我兴奋一个星期，再开一次能兴奋半个月，这就是主管的能力。主管给你洗脑成不成功就看你的业务量了，成功了业务就上去了，不成功业务就起不来。这些年我在卡中心听过最洗脑的话就是在深圳发展银行信用卡中心，老张主管说每一个客户头上都是一张红票子，见到一张就是 100 元。这话听起来就让人兴奋。

办卡这个事有很多的难点，其实做业务不怕难，就怕赚不到钱。客群高一点没什么，门难进没什么，动户难没什么，赚不到钱是最难的。如果你业务做不好，60% 的原因是主管给你洗脑洗得不够，40%的原因是你不接受洗脑。当主管给你洗脑成功后，剩下的就是你自己要给客户洗脑了。

信用卡有很多好处，你不说客户怎么知道呢？信用卡是一个很好的理财工具。用银行的钱有免息期，自己的钱可以去做投资买理财。可以跟客户讲讲自己是怎么用信用卡的；讲讲某某客户在自己的帮助下办了几家银行的信用卡，然后没用自己的钱就投资了一套房子。

洗脑其实是给客户画了一个蓝图和梦想，你办个卡顺带给他实现了一个梦想。信用卡有很好的市场活动，你没去之前客户也不知道，就算有，客户也不会在意。好比加油，一次省 30 元，一个月省 60 元，一年省 720 元。这些都要跟客户去聊，洗一下脑，后面就好办了，业务自然就办了。洗脑的关键是给客户描绘一个蓝图，虽然自己没有用信用卡投资买到房子，但描绘得要像买到一样。

行动练习：

1. 生活中谁给你洗过脑？
2. 尝试给别人讲个故事。

第六章　心态

方法七十四　快乐营销

快乐营销是心态建设，它虽然不是方法，但比方法更重要。为什么这么说呢？做一件事，如果不快乐，那还能不能做下去呢？也许能，例如上班。对大多数人来说，上班都是不快乐的，是受约束的。所以我们想着退休，过上更快乐的生活。做信用卡销售很难让人快乐，除非你天生就是营销高手，人见人爱，花见花开。信用卡销售有业绩的压力，有客户的拒绝，有时间的紧迫感。但是会调整心态的人就不一样了，可以把这些不利的因素变成有利的因素。

当我们出去展业的时候，抱着一个什么样的心态很重要，你是一定要让他办业务吗？如果不办，就骂一句吗？在我做保险销售的时候，我师傅的一句话说得很好，他说我们就是去认识一个朋友而已。如果办了更好，如果没办就交一个朋友。俗话说得好，朋友多了路好走。这样的心态可以让我们缓和很多的压力。当然谈不上快乐，要让自己快乐的话，学会奖励自己。给自己定一个目标，今天办 10 张卡，然后去消费一下；今年赚 30 万元，买一辆好车。这都是可以让自己快乐起来的方式。正常的一个人每天不会见很多人，去很多地方，这也是一件很快乐的事。我们就是有这个资源可以让自己接触很多人，去很多地方。

一个很好的团队氛围也很重要，团队氛围好，你自己就很开心，每天晚上回单位整理资料都是一件很开心的事。跟老同事、主管聊天就是一件开心的事。

开心快乐因人而异，你开心，你快乐，是写在脸上的。客户见到一个喜气洋洋的人，也会很开心。俗话说：伸手不打笑脸人。快乐营销也是对自己的奖励，笑一笑十年少，一定要记住快乐地营销，享受营销的快乐。

行动练习：

1. 每天对自己笑一笑。
2. 想一下让自己开心的事。

方法七十五　加班营销

大部分卡中心的客户经理采用的都是计件工资制，多劳多得。客户无处不在，要想过最高节距就需要增加工作时间。

虽然招聘的时候都是说朝九晚五，周末双休，做业务的这一点很难做到，除非你能力很强。你是在加班，对于商场里营业员来说他们其实是在上班，这没有什么奇怪的。加班营销也许你是主动的，也许是被动的、领导安排的。不管怎么样，出来了就要把事情做好。

对于加班，我是这样理解的，销售其实是一项技能，是需要花时间去练习的，加班其实是加快自己熟练这项技能的过程。正常来说加班出业绩是必然的，也对得起自己。

当你认可加班以后，去哪里加班是首先要解决的问题。第一就是医院，不管是晚上，还是周末，医院都是有人的，而且医院里一般是优质客户。第二是商场，商场都是倒班的，营业时间到晚上九点、十点，去加班也是很好的。第三就是单位宿舍，扫宿舍也是我们以前经常做的事情。如果不想加班，就利用好周一到周五，其实还是在周一到周五效率高。

工作是为了更好地生活，加班的日子最多也就到 35 岁，35 岁以后上有老下有小，加班的工作基本上也做不了了。好好珍惜加班的时间，因为将来的你有可能无班可加。

行动练习：

1. 加班前的工作准备。
2. 加班也要给自己定目标。

方法七十六　过度营销

银行每年都有任务，每月都有目标。

其实当你做这一行时间长了以后，你就会发现你的能力提高了，目标变大了，可以老少通吃了，但是这个时候就是我们在过度营销，我们让原本不需要信用卡的人办了信用卡。过度营销不是我们的错，但我们不要无限地去营销，浪费太多时间。让不需要信用卡的人办信用卡是没有问题的，问题是让没有控制力的人办信用卡，最后这个人会把信用卡刷爆，然后生活一团糟。我做信用卡中间有一段时间做信用卡的大额分期，做得也不错，但是我后来接受不了的是，分期手续费太高了，对客户不是很好。

信用卡销售需要人的精力、体力和心力的付出，长期保持亢奋状态对人是一种考验。过度营销也是在消耗自己的精力和体力，适可而止就好，不要让自己太累。

行动练习：

1. 如果有十个客户，尽自己最大努力能搞定几个？
2. 你是否会营销确实不需要信用卡的客户？

方法七十七　目标营销

前面我们已经讲了七十六种方法，有基础技能、有场景、有客群、有方法、有技巧。看了这些就能做好信用卡销售吗？那也未必。还缺什么呢？缺少一个灵魂性的东西，就是对于销售目标的坚定的执行，暂且定义为目标营销。

市场营销过程中会碰到很多的困难，有外部的原因，天气的冷暖、晴雨；有客户的原因，客户不见你，拒绝你；有自己的原因，不够自信，业务不熟练。这些是问题吗？是，也不是。只要你对销售的目标是足够坚定的，对客户是真诚的，对产品是有信心的，就没有不可能完成的任务。

我刚进入信用卡中心的第二年，单位在河海大学礼堂组织了一次开门红会议。经理和主管表彰优秀员工，送给我们一本书。我一直收藏着。这本书的名字是《没有不可能——西点军校给员工的 22 堂课》。

这本书给我的启发很大，这么多年的信用卡营销之路，我很少放弃过。一开始办卡是没有动户要求的，

《没有不可能——西点军校给
员工的 22 堂课》

后来需要动户，我没有放弃。一开始办卡都免费的，后来要办有年费的卡，我没有放弃。以前办卡是不需要卖产品的，后来需要卖产品，我没有放弃。

放弃很容易，但是成长很难。

在这里跟大家分享其中的一堂课：火一般的精神。这一堂课提到了热情是工作的动力所在，一个人的成功因素很多，而位于这些因素之首的就是热情。

热情就是一个人保持高度的自觉，以执着必胜的信念、真挚深厚的情感投入他所从事的实践中，就是把全身的每一个细胞都激活，为一个忠贞不移的理想而不懈奋斗。这么多年来，我在工作中就是保持这种热情，为客户办理业务。每个月要办理一两百个客户，每年要办理两三千个客户。把工作的目标和任务融入内心，不达目标不罢休。每天坚持去营销，不怕挫折，积累经验，一开始用时间换业绩。经验足够多了，就有时间学习更多的知识提高自己。

如果你还不能坚定你的目标，我建议你读一个故事——《把信送给加西亚》。有些任务看似不可能，但只要你去坚定地做了，结果就会给你惊喜。

信用卡销售最重要的不是方法和技巧，而是对目标的执行力，对目标的营销。

行动练习：

1. 给自己定一个不可能完成的目标。
2. 看一本励志的书。

方法七十八　合规营销

俗话说得好：风险一出，业绩全无。不管你营销技巧多高，业务多好，出了问题谁也保不了你，给你自己带来的烦恼也是无穷无尽的。入行已经十年了，最近几年了解到，一些朋友已经进去了。他们业务能力确实很强，能把客户的钱放到自己的口袋，最终又能怎样呢？我们学习营销方法，让客户相信我们，不是要干一些违法的事情。

销售信用卡很难，但也没有那么难。可能是由于我们进入了一个误区，设计有问题的产品，你会去销售吗？因为它佣金高，所以你销售了，这样的行为让我们变得有些扭曲。时间久了就有突破底线的思维。我们要弄清楚单位和监管的底线，不能突破底线。有的银行客户投诉就要罚款，有的银行只要客户撤销投诉，单位就不追究了。这就是底线不一样。搞清楚底线以后，再去做事情。千万要记住，不要突破底线。

行动练习：

1. 你知道单位对客户投诉的处理要求吗？
2. 其他同事有不合规的行为你会学习吗？

方法七十九　套路营销

营销有套路，无套路不营销。

我国古代就有朝三暮四的说法。说的是宋国有一个养猴子的老人，他很喜欢猴子，养的猴子成群，他能懂得猴子们的心意，猴子们也懂得他的心意。那位老人因此削减了他全家所需的口粮，来满足猴子们的欲望。但是不久，家里缺食物了，他想要限制猴子们的食物，但又怕猴子们生气不听从自己，就先骗猴子们："我给你们的橡树果实，早上三颗，晚上四颗，这样够吗？"众多猴子一听很生气，都跳了起来。过了一会儿，他又说："我给你们的橡树果实，早上四颗，晚上三颗，这样足够吗？"猴子们听后都很开心地趴了下来，对那老人服服帖帖的了。

不管是朝三暮四还是朝四暮三，其实都是一样的，但是换个说法猴子听起来就比较容易接受。同样的道理，我们去营销客户，给客户同样的礼品，话术不一样得出来的结果也不一样。

本来每个人办卡都能得到礼品，如果你说因为你看他人蛮好的，就给他申请一个礼品，这效果就不一样了。

还有一个例子，就是肯德基甜筒第二个半价，假设一个甜筒 5 元钱，第二个半价是 2.5 元，相当于两个 7.5 元，一个 3.75 元。不管是肯德基还是麦当劳都是这个套路，如果直说一个甜筒 3.75 元，你买了一个一般不会买第二个。因为第二个是半价，所以你感觉占了便宜。这就是商业的本质，让客户感觉占到便宜了，你就赢了。

信用卡销售有哪些套路呢？让客户办卡，让客户感觉没有负担，应该算是一个套路。当有人找你办卡，或者求你办卡，单位还不错的情况下你就可以跟他说，如果他能找几个人一起办，可以走团办，下卡率高，额度大。一般客户都能想办法联系几个人。这应该算是营销的一个套路。自古真情留不在，唯有套路得人心。

你看信用卡的市场活动都是套路，一般大字写着八五折，然后小字告诉你哪一天，有多少个名额，这就是典型的套路营销。一般客户还是吃这一套的。我们在跟客户宣传的时候也是一样的，大字要先说，客户不问，小字是不能说的，说了客户就不办了。如果客户卡比较多，又不用，感觉办卡比较难，那就送礼品再向客户销售其他银行信用卡，这个套路就比较深了，大家可以慢慢地研究一下。

行动练习：

1. 购物网站套路很多，可以研究一下。
2. 想出三种方法"套路"客户。

方法八十　自我营销

我们出去营销的时候经常会碰到不同的人，对信用卡这个行业有不同的看法，对信用卡有不同的见解。十年前我刚开始做信用卡这行的时候，去见了一个校友，他说现在还有人办信用卡啊，早就办过了。刚入行，听到这话，如果是一般人，估计对这行就失去信心了。后来我还是在他单位办了一个客户，证明信用卡还是有市场的。

信用卡这个产品，各家银行同质化严重，没有所谓的哪家绝对的好，可能有一些差别。十年前的市场跟现在不一样，各有各的难处，十年前卡确实少，但是用起来也不方便。现在卡多，但是用卡环境好。当你碰到客户说信用卡不好做的时候，你会怎么想？会不会对这个行业失去信心？当客户拿出一堆卡，你是不是对信用卡市场已经放弃了？

在出门营销之前，或者进入这个行业之前，我们想营销客户，也要先营销好自己。首先对这个行业要有足够的信心。信用卡行业虽然比不上互联网行业，日新月异，但是也算是一个朝阳产业。信用卡发卡行逐渐地增加，一些原来不发卡的银行也在发卡，行业的机会在增加。其次就是对本行信用卡足够地了解。每个银行都有自己的优势，如果能发挥好这种优势，就能把营销做到极致。

经常会听到关于信用卡的负面信息，很多人因为透支消费，还不起钱，或者信用受到影响。这些只是少数没有控制力的人，大部分人还是享受到信用卡的便利了。有的人利用信用卡融资，解决了资金问题；有的人参加银行的活动，享受到用卡的实惠。最重要的就是有很多人在信用卡行业赚到了钱，提升了自己，职业生涯风生水起。这些都是自我营销，让自己树立信心，让自己不惧怕客户的拒绝和行业的负面信息。

不要光靠主管给自己洗脑，要让自己发光照亮别人，营销客户之前先要营销自己。

行动练习：

1. 做信用卡销售有哪些好处？
2. 客户最常见的拒绝理由是什么？

方法八十一　销售自己

第八十种销售方法讲的是自我营销，让自己认同这份工作。第八十一种方法是销售自己，销售自己让自己和产品融为一体，甚至可以让自己成为产品的一部分。

银行的这类金融产品，同质化严重，哪家银行产品绝对好谈不上，绝对差也谈不上。作为客户来说，可选范围大。甚至有时候客户都不知道自己的需求，需要我们发掘客户的需求，教育客户。

信用卡作为一个舶来品，发源于西方资本主义世界，是社会经济发展到一定阶段的产物。中国大陆 2000 年以后才开始发展的，真正普及也就是这十来年的事儿。普通群众对这个行业和产品了解很少，就是从业者，也是由于工作的需要才了解了一点，但也是一知半解。

这些年随着移动互联网的发展，信用的便利性受到了质疑。信用卡甚至不能体现出支付便利的优势，从业者对此也心知肚明。信用卡作为融资的工具，以前信贷行业不发达，还有一定的必要，但是目前各地区各行业获得信贷的成本和效率大大提高，用信用卡来融资也是鸡肋。早期信用卡的优势，目前已经荡然无存，至少一半以上的优势已经失去。

当下办信用卡、发信用卡，银行的品牌很重要，团队文化很重要，但最重要的就是个人的能力，需要把自己销售出去。为什么这么说呢？银行网点开在哪里，客户想办自己可以去办；信用卡产品很好，客户也接受，为什么要在你这里办；尤其是小地方的人，他们有朋友在某某银行，要办早办了。所以说信用卡卡员说是卖信用卡的，不如说销售的是自己。

信用卡属于快消品，客户的忠诚度很低，今天可以办这家的，明天可以办那家的，办了还可以注销。但你是唯一的，客户认可你，就一直在你这里办业务。他需要信用卡，需要融资也会来找你，他亲戚需要信用卡也会找你办。要让自己成为信用卡的代名词，成为某某银行信用卡的代名词。

我们办卡跟客户吹嘘额度，客户不一定满意；承诺礼品，礼品质量太差；说服务，服务跟不上。唯有我们自己是与众不同的，所以销售好自己，让自己在客户心中有一定的辨识度，让自己与众不同，才能获得客户的认同。

行动练习：

1. 你与别的业务员有什么不同？
2. 你认为最好的自己是什么样子的？

方法八十二　心理优势营销

销售行业是一个大类，有卖房的、卖车的、卖保险的、卖家电的，也有坐商的、有行商的。俗话说得好，隔行如隔山。同样做销售，产品不同，销售渠道不同，对销售员的要求也不一样。信用卡销售对业务员要求的硬件条件不高，学历可以没有，年龄大小不是问题，从业经验无所谓。从个人经验来说，销售好信用卡有一个很重要的因素就是心理因素。

有一个强大的内心很重要，如果是扫楼扫街，就不需要什么技术含量，或者展台驻点。真正要做好这个行业，就需要陌拜单位。这个时候不被人理解，被保安赶，被前台拦，被客户拒绝，要想有一个强大的内心，就需要理解好这个行业，理解好这份工作。

银行是一个很好的平台，有钱，只要你有业务，一个月三万元、五万元、十万元都没问题。跟传统的行业比起来，这个行业工资是很高的，就是因为工资高，我们才要自信，要使我们的内心变得强大，抵抗住拒绝和白眼。我把优秀卡员所表现出来的内心的强大理解为优势营销。

刚入行的时候听一个前辈讲，有一个同事外号"刘一万"，就是每个月赚一万块钱，十几年前这个工资还是可以的。她有一个很经典的故事，就是被保安拦住了，跟保安说她一个月工资是保安一年的工资。这句话就是优势营销，心理上的优势，不是跟客户说的，而是在给自己打气。

卡员出去展业的时候会碰到各种各样的人，有的是员工，有的是领导，有的是年轻人，有的是长者；有的和蔼可亲平易近人，有的冷若冰霜拒人千里之外。卡员心里如果没有底气，估计三两次拒绝就败下阵来了。举个例子：有的客户说认识行长，这种客户还要不要营销，不明就里的，明显客户占了上风。遇到这种情况，有两种方法，就坡下驴，说我们领导安排过来拜访一下，没有的话办一个吧。还有就是当不知道，无视他。一定要占领优势的地位发起进攻，不要忘记我们是做营销工作的。

优势营销就是找出你自己的优势，可以是收入的、经验的、阅历的，然后在语言和动作上表现出这种优势，让客户心悦诚服地办理业务。

行动练习：

1. 做信用卡的优势在哪里？
2. 你自己比其他卡员的优势在哪里？

团队合作篇

方法八十三　主管带教

为了方便记忆，我把信用卡销售的方法分为四个部分，第一部分是个人能力篇，第二部分是团队合作篇，第三部分是平台优势篇，第四部分是番外篇。前八十二种方法是有关个人能力方面的，包括基础技能、场景、客群、方法、技巧、心态六个篇章。第八十三种方法到第八十八种方法主要讲的是团队合作方面的方法，这方面跟你所在的团队主管的风格和团队的氛围有关系。

如果你的团队是刚组建的，主管有时间细心地手把手教你，你会进步得比较快；如果你入职的是一个老团队，已经成熟，业绩很好了，这个时候也许主管会安排老员工帮带一下，也许会让你自生自灭，甚至出于年龄或者学历的原因，入职的机会都没有。

我做信用卡和贷款能够成功还要感谢我的两位主管。当我刚进入信用卡中心的时候，确实什么也不懂。这一行说简单也简单，说难也难。我的第一个主管，对人真是好，是那种无微不至的好，情商高。单位的业务培训经常做情景演练，可是跟主管的带教还是有差别的，同样的话说出来的语气不一样，客户也是不买单的。我第一个主管带的团队业务已经很好了，但还是抽出几个小时的时间带我出去展业。我应该是比较幸运的。当时我们刚搬了职场，新的职场楼上有很多单位。主管抽时间带我去展业，话术都是一样的，就是语气不一样，办到了卡很开心。后来主管的爱人在医院，我和同事也去他们医院办业务，效果也非常好。感谢我们当时的主管，如果换一个主管也许这行我做不到现在。每天受到的拒绝太多，主管就是一个撒气桶，我会把在外面的委屈回来与主管诉说一下。当时我做了一年多就自己做主管了，想一下自己还是太嫩了一点。做业务还有很长的路要走。后来我

121

又去做贷款了，这个团队刚成立没多久，团队业务不是很稳定，需要业务骨干，我非常有幸得到了主管的帮助。信用卡和贷款完全不是一个销售模式，一开始我很不适应，还在用信用卡的销售模式。做了半年多的时间，我已经要放弃了，实在做不出来了。后来我们主管说以前一个业务员也是这样的，之后他每天晚上给我打一个电话，三个月后我的业绩突飞猛进。非常感谢主管的坚持，没有主管的坚持，我对销售的感悟也不会有今天这么深。包括我的写作能力，也是做贷款那段时间培养出来的。我每周、每个月都要写工作总结，逐渐养成了写作的习惯。后来主管还陪我去谈团办，喝得酩酊大醉，我在医院陪他挂水，确实让人感动。

什么样的主管带什么样的徒弟，如果主管没有时间也会安排组员去带新员工。信用卡销售主管带教还是很有必要的，遇到一个好的主管是你的幸运。

行动练习：

1. 你所在的团队发展到什么阶段了？
2. 主管有带你展过业吗？

方法八十四　地推

地推是互联网的术语，指的是新产品新市场，通过线下增加客户的方式来营销，与之相对的是通过网络方式获客。信用卡的直销就是线下获客，基本上是地推。

地推和陌拜有什么区别呢？二者都是线下销售，地推是有组织、有规划地做，是团队行为；陌拜是个人行为。团队合作是非常能考验一个团队的凝聚力和战斗力的。做地推，主要看士气，拿下一个市场很难，关键看人。最开始在南京办卡的时候，我们在大厂有三个银行、六个业务员，搭档办卡。互相不认识，我和华夏银行的主要办街道办事处、城管；我同事和浦发银行的主要办企业和医院；另外一组华夏银行和浦发银行的办超市和加油站。这就是最朴素的地推模式，虽然没有人组织，但很默契，大家客群互相不冲突。中午可以一起吃饭，互相交流一下工作心得。都是年轻人，大家在一起都有攀比和炫耀之心，所以互相学习、互相进步。这五个人，有三个人我是很熟悉的，后来的工作都很好，有年入百万的，也有做到卡部经理的。

有人经常说信用卡都办完了，不好做了，尤其是新人。其实信用卡是不可能办完的，每个人的角度不同，看待客群不一样，客户永远都在的。

说完朴素的地推，再来说一个有组织有规划的地推。我在华夏做贷款的时候，有一个老大哥，做业务很牛，带团队也是别出心裁，喜欢搞地推。他的方式很简单：组织四个人，一辆车，计划好时间到一个区县或者乡镇，每个人选一个单位展开工作，如果一个人出去这种压力可能还不是很大，大家一起出去的结果别人办到业务你办不到压力还是很大的。这种压力就促使你要努力地工作。这些地推都是零零散散的几个人。后来我们被分到淮安市场，按照区域和行职业进行划分，一个团队三十个人，一个月能进件七八千，这才是有组织有计划的地面推进销售。

地推关键看领导的组织能力、团队的协作能力。有能力的主管可以试试。

行动练习：

1. 什么样的产品适合地推？

2. 主管带队地推有什么样的后果？

方法八十五　路演

路演是创投圈和互联网圈经常提到的术语。路演是指通过现场演示的方法，引起目标人群的关注，使他们产生兴趣，最终达成销售，或者在公众场所进行演说、演示产品、推介理念，及向他人推广自己的公司、团队、产品、想法。通过这个定义，大家有没有发现跟我们展台驻点销售有点像。其实就是一样的，但是也有区别，就好比陌拜和地推。陌拜是个人行为，地推是团队有组织有纪律的销售。同样的道理，展台驻点是个人的销售方式，路演是团队甚至是卡中心有组织的销售方式。

路演这一块做得比较好的是交通银行，交通银行是行业的标杆，一个银行在南京这种城市有四到六个组就不得了了。交行卡部在南京是"字母 + 数字"组合，可想而知有多少组。下面我说一下当年交行的路演是怎么做的。

当时交行在南京各大商场门口搭棚子，在步行街有展台，正常的驻点是一面对外，这种路演是四个面或者两面对外。这种路演点可以安排七八个业务员驻点，时间错开可以安排十几个人。

有能力的团队和卡中心可以组织一下路演，效果还是不错的。

行动练习：

1. 哪些地方可以做路演？
2. 你见过哪些银行做过路演？

方法八十六　传帮带

我们虽然是银行的直销团队，但是本质上跟直销公司的模式还是有一些像的，当然也是有区别的，毕竟我们是有底薪和人数限制的。把一个团队就看成十几二十个业务员组合，这是不对的。

业务员之间也是有组织关系的，尤其是老团队，这里面人际关系相当的复杂。有介绍人的关系、有师徒关系、有同一批进来的，还有以前就是同事的，如果这些都不清楚，不管是主管带团队，还是业务员提高业绩都会碰到问题。

信用卡主管晋升以后存活率最多50%，有一半以上的新主管干不到一年就离开这个行业了。一个新主管如果没有准备好一上来就带团队，面临的就是新员工没有人带，不出产能，业绩不好。一般有上进心的主管都会自己想办法带业务员，尽快出产能。卡中心会组织培训，会进行话术、情景演练，传授一些技能。老员工也会帮助新人尽快地出业绩，口授一些办卡的技巧，或者主管安排带新人出去展业。这个过程就是传帮带。

如果一个新的团队，业绩已经很稳定了。主管有很多事要忙，这些工作会安排下面的小组长，或者储备主管去做。能否做好这份工作有很多因素，但是如果能积极主动地请求主管和老卡员的帮助和指点会进步得快一些。你自己去摸索方法，找单位办卡，不如让别人帮你一下，有的时候一语惊醒梦中人，让你醍醐灌顶。

我在平安银行、华夏银行工作除了得到主管的帮助，还得到过老员工和其他同事和领导的帮助。我之所以能得到别人的帮助，跟我的积极主动是有关系的，还有我的勤奋大家都是看得到的。当然了，后期我也带过其他组的新员工，对这些主管也是一种回报。

做事先做人，其实跑卡也是这样，懂得感恩，珍惜拥有。

行动练习：

1. 请主管安排老员工带教。

2. 你想跟哪些人学习办卡技巧？

方法八十七　分组营销

这一部分是讲团队合作办卡方法的，更多的是讲主管如何组织业务员办卡。

分组营销这种方法针对的是团队规模大、人数多、需要通过分组这种方式去提高产能的情况。我做主管时间很短，没有几个月时间就把团队人数裂变到二十来人了，也尝试着用分组的方式提高产能。初出茅庐没有什么经验，团队内部 PK 确实能起到很好的效果，关键在于选人。一个新来的业务员进入卡部工作，前三个月是学习阶段，然后开始起步。半年左右时间业绩有了起色，逐渐稳定之后就小有名气了。如果人缘再好一点，能介绍人入职，有上进心的，这就是储备主管、主管的左膀右臂、单位重点培养的人才。当然了，在这个过程中，主管和单位会考验一下他，安排分组 PK 就是其中一项，也就是我说的分组营销。有的时候团队业绩好，也不是靠一两个人，可能靠一批人。这时候就要在一批人里面选两个人，然后去做 PK。这种分组营销确实能提高业绩产能，有时主管让老员工带新人，老员工可能还不一定愿意，但是分组以后这种主动性就高得多。

我说一些我参加过的小组营销和我带过的小组营销。一个团队二十几个人，可能平时也认识，但是不熟，分组以后大家变得很熟了。我带组的时候，一般会先了解一下大家有什么需求，缺资源的给资源，缺方法的给方法。有的时候一个新入职的员工可能有很多话不方便跟主管讲，跟同事说就无所谓了，大家都是业务员，发发牢骚也没有关系。这个时候老员工，或者小组长及时地疏导一下，让新人感受到集体的温暖，业绩就很容易上来了。我带组的时候都是亲力亲为、实实在在的，给方法、给技巧、给资源。我也碰到过很好的小组长，把自己的方法和技巧实实在在地分享给我，然后让我的业绩有很大程度上的提高。以前大家是同事，每个人都忙自己的事，但是分组以后，组员的问题就是你的问题，能够帮助到组员也就是帮助小组提高业绩。所以小组长也很乐意去帮助组员。

分组营销是团队人员达到一定的规模，为了管理的需要，进行组织结构的调整。有的是单位任命的，有的是内部分配的。如果你是组员，你可以名正言顺地跟小组长提要求、带教、帮助展业。如果你是小组长，那么教学相长，教别人也是自我提高的过程。

利用好分组的过程，让自己提高业绩。

行动练习：

1. 看一下哪些人业绩一直很好，积极寻求帮助。
2. 尝试着寻找带组的机会，为以后晋升打基础。

方法八十八　项目营销

做营销有很多种方式，一般业务员只能做散单。真正的团办营销和项目营销需要高层的参与和运作。信用卡的项目营销指的是针对某一个企业或者某一产品进行的项目销售。最典型的就是 ETC 项目，政府主导，银行参与，共同提供各方面的资源。

记得 2019 年那段时间做 ETC 营销，我所在的分行花了不少力气，车管所驻点、企业团办，只要是想到的资源都用上了。这种力度是空前的，是从上到下的，华夏银行一直没有秒批。为了 ETC 的顺利办理，秒批实现了，就是闪卡，虽然只有 1000 块钱的额度。一级分行开发了小程序，激活闪卡，绑定 OBU。业务奖励方面，每新增一张核卡奖励 100 元，能看出这种力度有多大。当时每次见客户，第一句话就是有没有车，先办 ETC，然后再谈活动。这是一个大项目，全行总动员，各部门各条线配合，有综合管理部、技术部、财务部、营销部。做好一个项目确实不容易，涉及方方面面。

四大行没有信用卡中心，但是四大行的信用卡发的也不少，原因就在于他们把这种项目营销思路融入了工作中。很多大的企业事业单位门口都有 ATM，其实这就是营销客户的砝码，为了客户方便，给客户装一台机器，尤其是学校门口，经常会看到。我在网上看过一篇文章，讲某大行的案例，这家银行营销一家民营的钢铁厂，一个网点七个人，一个星期办了 4000 多张卡。老板经常出差去国外，没有信用卡，网点负责人了解到情况以后，就上报信用卡中心，给企业负责人办双币卡，额度 50 万美元。企业老板很感谢，安排财务总监跟银行对接，财务总监组织办公室和车间主管，安排银行过来办业务。这个项目在原来的对公业务上，增加了零售产品，效果非常好。

把信用卡当项目来营销，是一种创新的思维。目前信用卡中心组织结构落后，可以组建项目经理室，或者大客户团队，专门营销某一类客户。

行动练习：

1. 想想以前的项目有哪些不足之处。
2. 尝试组建一个项目团队。

平台优势篇

方法八十九　行内数据库 + 厅堂销售

行内数据库

前面的八十八种方法有个人能力方面的，也有团队合作方面的，从第八十九种方法开始，有七种方法是平台优势方面的。

信用卡中心是银行的一个部门，跟理财、个贷、对公是一样的。但是也有区别，信用卡中心在各个银行的位置不一样。有的银行采用事业部制，信用卡中心从总行开始到地方是一条线，就是早期的直销中心。当地的信用卡中心和分行没有隶属关系和业务分管关系。分行和信用卡中心都能办信用卡，各玩各的。目前平安银行、交通银行还是这种模式，大部分股份制银行早期都是这种模式。随着信用卡发卡量的提升和盈利能力的提高，为了方便信用卡销售团队的管理，一级分行收编了信用卡直销中心，改成共建中心，或者分行信用卡部。浦发银行、华夏银行、兴业银行就是这种情况。

四大行没有信用卡部，都是从属于分支行。信用卡业务员主要的工作是自己去开发客户，完全靠自己的能力。如果是直销中心模式，行内数据库跟卡部是没什么关系的。共建中心或者分行直属的卡部是有一些行内数据库支持的。各家银行的授信政策都会提到我行往来客户，这类客户主要包括存款理财客户、贷款客户、代发工资客户（代发工资客户作为一类大的资源会单独讲）。行内数据库这类资源如何获得？如果是分支行去推动这个事，比较好操作一些，内部提供名单，外呼就可以了。说实话，卡部毕竟是专业的机构，销售话术、产品知识、权益活动，比分支行的理财经理不知要熟练多少。如果分支行没有对接，可以主动去联系。有的时候就是这样，你不主动，人家怎么知道你需要呢？当获得这些客户的名单以后，就可以采用"电销＋上门获客"的方法，去之前确定一下，这些客户的单位是否值得开发。

行内数据库作为一种重要的资源，理财经理未必有时间去开发，办一张信用卡才能赚多少钱啊！理财经理可能更加看重存款或者抵押贷款的收益。行内数据库相当于一份名单，都已经是我们银行的客户了，有的是理财客户，有的是贷款客户。如何开发，并且拓展开来就需要好好地谋划一下。我见过一些客户经理打电话邀约办信用卡的，太小看这份名单了。其实我们看重的是名单背后的客户。电话销售的目的不是办业务，首先确定客户单位是否值得营销，然后是邀约上门送礼品，最后是争取转介绍。

如何获得这份名单？可以请领导去对接，也可以自己去联系，试一试总归是有机会的。

行动练习：

1. 试着跟分支行谈一下合作。
2. 通过电话约客户到银行来办信用卡业务。

厅堂销售

信用卡销售方面，除了信用卡中心业务员，银行柜员和理财经理、大堂经理也都是有任务的。

在银行网点销售信用卡也很重要。因为跟网点的大堂经理比较熟，他们也经常介绍客户给我，所以我经常在银行大堂办业务。说说我对厅堂销售的一些看法。银行网点大堂经理和理财经理对信用卡任务不重视，传统银行的业务不止信用卡一项业务，还有其他的理财、保险、贵金属、代发工资等很多业务。对于这种小业务，我相信理财经理也不会放在心上，最多是做个追销，就是附加销售。附加销售是有很多好处的，当一个客户在一个银行有三个以上的业务，估计一般不会轻易换银行的，这样比较麻烦。对于银行网点的客户经理来说，大部分是先推理财，然后再卖一个保险，我估计他们很少会聊信用卡。

信用卡这东西，不专业也聊不好，为什么呢？产品虽然小，但是知识点还不少。什么叫账单日，什么叫还款日，怎么样刷信用卡还款时间最长？来银行做理财都是有钱的主，估计也不会在这上面算计这个东西。虽然你是某某银行的，如果不研究，估计你对信用卡的活动也不一定都清楚。网点的客户经理都很忙，哪有时间研究这个。没有时间，加上业务不熟练，做信用卡营销有一定难度，附加销售可以解决这个问题。当你跟客户聊完主业，理财以后，可以顺带给客户介绍一下，老客户就是人情卡，有任务，帮忙办一个，送个礼品。如果碰到新来的客户，还是要抓住需求。信用卡产品很简单，有的活动，自己参加一下，知道怎么用了，给客户介绍一下。

销售非常考验人的地方就是不能千篇一律，要见什么人说什么话。网点进来一个一身西服、身材笔直的人，一看就是商务人士，可以推荐商旅卡，出差坐飞机、坐高铁比较实惠，用信用卡方便。进来一个年轻人，看着刚毕业，就可以推青年卡，取现没有手续费，做个备用金，解燃眉之急。进来一个宝妈，带小孩的，那就推"孩子王"的活动，最好是有视频会员的，方便追剧。每个人的需求不一样，抓住需求，抓住卖点。厅堂销售有银行的背书，销售起来不难，难的是客户太少，没有进件条件。

银行网点客群复杂，有刚毕业的大学生，有带孩子的宝妈，有退休的老年人。好在现在授信政策比较宽，一般18~65岁都能办。学历，财力，都能进件。熟练掌握授信政策才能更好地为客户服务。

行动练习：

1. 如何把客户引流到网点？
2. 本行最简单的信用卡是什么卡？

方法九十　商协会营销

信用卡销售的过程也是我们了解社会的过程，十几年前刚开始做信用卡的时候什么也不懂，只知道有政府和企业，不是上班的就是当老板的。

这几年随着工作阅历的增加，逐渐了解到还有民间团体和组织，商会和协会就是非常重要的一类社会组织，也是我们做信用卡营销非常好的渠道。

商会和协会都是社会组织，登记注册在民政局，但是每个商会和协会又有自己的主管单位。

先说一下商会，每个市或者县都有一个总商会，是各个商会的主管单位，发起成立还有一个批准成立的单位。

商会顾名思义就是商人集会，商会在社会生活中起到的作用是很大的，当然了，也有的商会发展不是很好，凝聚不了会员单位。

商会，是商品经济的必然产物。一般是指商人依法组建的，以维护会员合法权益、促进工商业繁荣为宗旨的社会团体法人。

商会分两类，一类是行业商会，例如××市美容美发商会、××市广告业商会、××市汽车 4S 店商会；另一类是区域性商会，例如淮安市开发区商会、淮安市水渡口街道商会、淮安市福建商会、淮安市浙江商会。

其中类似淮安市福建商会这种叫异地商会，是由在淮安的福建人组织的商会。

商会本身的办公人员比较少，会长都是企业的法人，秘书长也都是兼职的，一般也是企业法人，办公室、其他部门也都没几个人。

但是商会是商人的集会，会员大部分是企业家、生意人、热心公益事业的人，可以通过参加商会的活动结识更多的朋友，方便我们办业务。

因为老家在山东，淮安市山东商会成立的时候我正好在淮安，前面筹备的时候我不在，但是成立后一年时间的运作过程我是经历了。

淮安市山东商会成立大会

出于公益之心，我帮助在淮安本地的老乡做了一些宣传，得到了大家的认可，当然这个过程对自己的业务也有很大的帮助，毕竟认识了这么多企业的老板。

商会和商会之间是有联系的，通过进入山东商会，认识了其他本地的商会，也对接了一些业务。

虽然接触商会这种组织时间不长，但是也有自己的一些营销心得。这里给大家总结一下：

第一，进入任何的组织，要先付出后有回报。从业务的角度来说，我们希望通过加入商会这样的组织获得客户，但是商会有它的运行规律，这种组织不是营利性的单位，不是你想见谁就见谁的，需要有人引荐，时机不到着急是没有用的。

第二，有自己的定位，最好有一技之长。

人上百，形形色色。商会是藏龙卧虎的地方，有钱的很多，有关系的很多，有实力的更多，我们作为一个卡员怎么样能够立足呢？

这几年做自媒体，会一点拍摄、剪辑的技术，虽然不怎么精湛，但是在商会会员里面算是可以的。我就用这个技术为大家服务，获得了一些人的认可。

当然，商会也是一个是非之地，要看懂形势，急流勇退就可以了。我们毕竟是打工的，跟老板不是一个阶层，老板是指挥人干活的。这种角色定位要知道。

通过跟商会企业接触我团办了一个装修公司，一个物流公司，一个大型的超市，两百多张的件，收获不小。

除商会这种社会团体以外还有协会，协会参与的人更加的多，因为协会是可以个人参加的，尤其是在职的公职人员、事业单位人员。

我参加了一次淮安市信用协会的活动，然后跟一些企业家认识了，通过这些企业家朋友办了不少业务。

大家在展业的过程中，可以注意一下这些商协会组织，尤其是老乡组织的商会，加入并为大家做点事，大家会记得你的。

行动练习：

1. 上网查询本地工商联在哪里办公？

2. 你所在的城市有多少家商会？

方法九十一　代发工资

代发工资客户

代发工资客户是指客户单位员工的工资卡是本行的，遇到这类客户一定要展开强势营销，机不可失啊！

在我们营销过程中，会碰到本行的代发工资客户，如果碰到这类客户要好好地营销。我记得在南京的时候，碰到了一家企业，是可口可乐的生产和销售公司，是深圳发展银行的代发工资客户。我们是陌拜营销的，客户提了一句工资卡是深圳发展银行的，我和搭档就主动去营销了。我们找到了财务负责人，客户跟我们这边也很熟，帮我们联系食堂驻点。这个企业人很多，基本上没有深圳发展银行的信用卡，我们营销的难度不是很大。在对方管理层的配合下，我们营销了几百张。

一般银行对于代发工资客户有专项的政策，就是代发金额大于多少就可以直接进件，批核率高。各家银行都在做交叉营销，我们可以去营销代发工资客户，反过来也可以去营销代发工资这个产品。就是找到企业让他们用本行的储蓄卡做工资卡，然后再营销信用卡，这样营销的难度有点大，但也是一个方法。

一般营销代发工资客户，需要给企业做授信业务，不然企业不可能为了开户而开户。企业的代发工资营销起来比较难，周期长，私人企业一两个人就能决定了，大型企业就比较复杂一些了。

我比较认同"营销就是大数法则"的说法，虽然营销需要技巧和人脉关系，但是有一定的客户基础是关键。代发工资客户营销也是一样的，按照行职业和区域去营销就可以了。只要企业是本行的代发工资客户，营销难度就瞬间降低，也就是客户已经对你有了信任，不管是谁给他办的代发工资，你现在就是他的客户经理，一定要把握机会，快速地营销。

行动练习：

1. 找一份本行的代发工资客户名单。
2. 试着跟本行的客户经理一起去开发代发工资客户。

对公客户

银行的客户分两类：一类是个人，一类是企业。

对公客户是企业客户，做了这么多年的信用卡，不管是直销中心还是共建中心，分行给予的支持还是有限的。银行这个平台是很好的——权威、有钱、任性。银行其实有很多资源，如何找到资源和用好资源就很关键。我是一个很喜欢交朋友的人，我在平安银行的时候，认识一个朋友是做对公业务的，一开始是做小微企业，然后是大企业、投行业务。银行开发一个对公的客户要很长时间，银行的对公客户对我们还是很有意义的。

对公客户一类是有代发，一类是没有代发。我们经常碰到的是有代发的客户，随便问一个客户，然后客户说工资卡是我们银行。这类客户比较容易开发，所有人都是我们银行的客户，然后就是逐个问。如果能找到单位负责人，安排一下就更好了，如果平时跟分行关系好，就可以让分行介绍一下。还有一类对公客户很难被发现，我碰到过几次。就是这个单位在你所在的银行做过对公的授信，这类信息一般人是不知道的，只有财务知道。这时候就是发挥你能力的时候了。这个信息非常的关键，争取到财务的配合，用单位的名义下去办卡。

办卡需要一个切入点，切入了就好办了，对公客户是一个很好的切入点。如果能力强，也可以自己去开发对公客户。先问一下这个单位有没有资金的需要，有的话介绍给分行的客户经理，然后切入话题开始办卡。

我做过几家企业的对公业务，有信用证和代发工资业务，这方面还算有一点经验吧！大家可以尝试着做一下，积累一些经验，为以后发展做准备。

行动练习：

1. 哪些大企业是你想办又没有机会进去的？
2. 除了贷款还能给企业做什么业务？

方法九十二　党建共建促发展

党建共建是信用卡营销的顶级方法。卡部的员工是党员的比例不高，目前来看各家卡中心对于基层一线的党建活动也组织得不到位。

造成这种问题的原因很多，信用卡直销团队一直存在着重业绩轻管理、重考核轻培训、重结果轻过程的问题，还有就是大部分直销团队员工都是派遣制，员工的组织关系都不在卡中心。

但是银行系统，不管是国有银行，还是股份制银行，党建工作抓得还是比较好的。

党建共建工作是我在商协会运作过程中学习到的，我在淮安市山东商会帮助在淮安的山东老乡组织过一些活动。

2021年6月26日建党百年之际，中信银行淮安分行营业部党支部邀请淮安市山东商会党支部搞了一次党建共建活动，活动的过程中大家交流了学习党史的经验，增进了大家的了解，业务上互通了有无。

中信银行淮安分行营业部党建活动

这次活动打开了我的思路，原来业务还可以这样谈。中信银行淮安分行营业部通过邀请淮安市山东商会做党建活动，认识了更多的商会会员，把自己的产品和业务也宣传了出去。

以前有同事讲过一句话非常好：市场是学堂，客户是老师，同行是榜样。通过跟中信银行学习，我也自己实践了几次，通过党建共建的形式开展业务，效果很好。

后来又参与了江苏护理职业技术学院马克思主义学院党支部与淮安市山东商会党支部的党建共建活动，对我的业务也有很大的帮助，通过活动认识了人，展开了业务。

江苏护理职业技术学院马克思主义学院党支部与淮安市山东商会党建共建活动

有了这些成功的经验之后，我就开始自己组织活动，邀请一些单位开展党建共建活动。跟本地的几家商会——开发区商会、浙江商会建立了高层的互访，加强了党建工作的交流，发展了业务。

当然，这个过程也不是一帆风顺的，碰到了很多问题和困难。

首先是企事业单位和商协会的负责人不好约。单位负责人一般很忙，能找到这些人不容易。

其次是活动的周期很长。就拿江苏护理职业技术学院马克思主义学院党支部跟淮安市山东商会党支部的党建共建活动来说，足足约了两个月才搞成。

最后我觉得，卡部没有这个文化氛围，方法是个好方法，能不能落地，需要有人才去支撑这个事情。

期待有更多卡员研究出更多的方法，发展信用卡事业。

行动练习：

1. 了解一下你们卡部是否有党支部。
2. 下载学习强国，看你感兴趣的文件和讲话。

方法九十三　合作商户

每一家信用卡都会有自己的权益特色，侧重点不同，有的是美食，有的是电影，有的是加油，有的是洗车，有的是网购。这些商户资源也是我们的办卡资源。假设你所在的银行跟苏宁易购有活动，例如消费 200 元减 50 元。这个时候就可以去营销苏宁易购的员工，用这个活动做话题，让客户认同你。还有加油站、商场，只要有活动的地方，活动的商户接受度就都比较高。

销售就是聊天，聊天就要找话题，有合作就有话题切入感。商户除银行提供的以外，也可以自己开发，一级分行信用卡中心都有商户专员，就有谈商户的客户经理。商户专员也有增加商户的指标，我经常帮商户专员联系商户，有成功也有失败。给大家讲一个例子：我之前谈过的商户，对接人是我在朋友聚会时认识的，然后去他们单位洽谈了一下。这是一个珠宝店，给的活动还不错，提供时尚美甲 1 次、双人下午茶 1 次、电影票 1 张。这是给我们银行员工的活动，具体如下图所示。

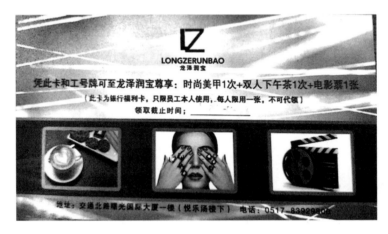

福利活动

还有给客户的权益，分金卡和银卡，金卡生日当月送小金猪手串一枚，享受精品首饰巡展优先鉴赏权。如下图所示。

VIP 生日礼遇金卡

已经合作的商户直接去办卡，没有合作的自己谈。充分利用好银行的资源，把合作商户资源最大化。如果商户不错，就自己去谈，帮助商户获客，自己也能得到一些办卡资源。

银行的很多商户是通过银联商务跟商家签约的，也可以让银行商务专员提供一些这方面的资源。

行动练习：

1. 本行目前有哪些合作商户？
2. 自己看好一些商户去谈合作。

方法九十四　行领导和同事关系

股份制银行都是先开分支行，然后开卡部，开卡部之前，分行会办一些信用卡客户。我大概了解了一下股份行新开分支行考虑的因素：第一，当地的 GDP 是否足够高；第二，是否有足够多的客户资源；第三，人员配置是否到位，其中最主要的是中高管。

一个机构的发展主要看领导的战略。同样的银行，不同的机构发展的速度和质量都是不一样的。分支行的领导就是地方的"诸侯"，来之前手里面就掌握着大把的资源。在原单位，或者原来的岗位就是一把好手。银行招聘对一个人的资源要求非常高，容不得半点闪失，需要招进来的人百分之九十都能独当一面。

我在盐城和淮安展业，经常能碰到华夏银行几位行长的客户、亲戚、同学，感觉行里面的关系无处不在。当然还有行里其他同事的关系。就算你所在的银行领导资源多，但他未必会利用这些资源来办信用卡，有的话也未必会给到你。

虽然信用卡部和分支行平时来往少，但对大领导和重要人员还是有必要熟悉一下的，如果客户提到某人，你不知道也很尴尬。当客户提到某某人，熟悉的可以聊两句，不熟悉的就应付一下。这些资源怎么用？如果客户表示很熟，这时候就可以用缘故法，有利于开展工作。一般来说客户只要提了，就都是正面的信息，不要反感，要配合。后期要做好服务，客户卖领导个面子，你自己就不要找麻烦，承诺的都要兑现，争取拿到转介绍。

行动练习：

1. 本行在当地有多少家分支行？
2. 当地分行主要领导都是谁？

方法九十五　分行资源合作

银行信用卡中心分两种：一种是事业部制，卡中心直接管；一种是分行一级部门，属地管理。如果是属地管理的信用卡部，那么就可以充分地利用分行资源，然后挖掘客户背后的价值。

分行能提供哪些资源呢？包括不限于理财客户、贷款客户、代发客户，这些都是现成的客户，涉及利益的分配问题。其实新开发的客户才有合作的空间，就是利用分行的产品开发新客户。例如对公贷款或者授信，在开发这些单位的时候顺带办理信用卡业务。

分行有很多资源，怎么才能跟分行合作上呢？主动联系分行的人，不管是客户经理，还是行领导，多接触，他们也是需要业务的。我在平安银行认识了几个客户经理，后来都有联系，也有一些业务的合作。后来到华夏银行跟分支行的领导有接触，分支行的领导也需要业务，信用卡中心毕竟是专业的人做专业的事，分行也需要这方面的人才。分支行每年也有信用卡的任务，如果你有能力，也可以帮他们完成一些。可以作为资源的交换，跟分支行要一些资源，如果能给到相关的企业客户那就发财了。

开发一个企业不容易，已经认可银行了，后面的业务就很好开展了。我曾经扫楼的时候碰到一个广告公司，这个公司是做室外广告的，是华夏银行的供应商，已经办过一些华夏卡了，我还是想办法办了几张。

碰到资源就要想到这个资源怎么用，分行的资源一般用不完，借力使力不费力，借助分行资源办卡更轻松。

行动练习：

1. 尝试跟分行客户经理和领导接触。
2. 哪些资源办卡更轻松？

番外篇

方法九十六　克亚营销

前面的九十五种方法不管是个人技能，还是团队合作、平台的优势，都是在信用卡行业想办法。从第九十六种方法开始讲几个跳出信用卡行业，站在更高维度去思考和理解销售的方法。

互联网行业经常讲降维打击，站在更高维度做信用卡营销也许更加简单。我的很多想法和心得，也都不是在信用卡销售过程中形成的，有很大一部分是做贷款期间形成的，还有一部分就是在带团队的过程中形成的。前面的九十五种方法，有时候是销售，有时候是营销，感觉有些错乱，但目的都是让客户办理信用卡。销售是比较直接的，短平快地成交；营销是需要过程的，或者有些套路在里面。但这些跟市场营销都有很多的差距。下面我介绍一个营销方法或者说理念——克亚营销。如果你想学，还有很多的营销方法或者说理念，但是把营销上升到人性和哲学角度的不多。

首先介绍一下克亚营销的创始人刘克亚。1996 年，刘克亚毕业于全球第一营销学院美国西北大学凯洛格商学院，获 MBA 学位，师从"现代营销学之父"菲利普·科特勒教授。1998 年他投入直复式营销泰斗盖瑞·亥尔波特门下，成为世界上唯一将品牌营销和直复式营销融为一体的营销大师。2000 年，刘克亚回国创立克亚营销体系，被媒体和业界誉为"营销魔术师"。

其次介绍一下克亚营销的心法。克亚营销心法是克亚营销的核心，克亚营销的一切思维都是从这里开始的，包括三点：①永远不要销售产品，而要销售思维模式。②没有销售，只有自我销售。③一切营销问题的答案，都在目标客户的头脑里。只有理解好思维模式，理解好客户，营销才能变得简单。提到市场营销，很容易让人想到组建团队、广告预算。在克亚营销里讲究的是杠杆借力、零风险承诺、客户的终身价值，这套理论是让个人和中小企业受益的实用方法。

最后给大家介绍一下克亚营销导图横轴，也就是鱼塘理论，导图见下图。不管是销售，还是营销，最后都要成交。在成交前如何获得客户就很重要了。正常的思维是自己去找客户，克亚营销超常思维，提出鱼塘理论，认为我们的客户已经在别人的鱼塘里了。只要找到塘主，抓取潜在客户就可以了。

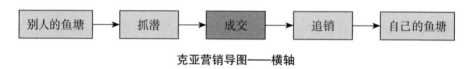

克亚营销导图——横轴

这一点其实跟我们的营销息息相关，授信政策里面的客群指引告诉我们学校、医院是优质客户，去学校、医院就可以了。只要找到学校或者医院的领导，然后安排团办就可以了。虽然团办不是每个人都能做的，但是克亚营销给我们提供了很好的思路。克亚营销导图更厉害的地方是提出客户的终身价值，在已经成交的客户基础上，再进一步追销，然后建立自己的鱼塘，持续不断地产生收益。信用卡中心就是利用业务员获得客户，然后再持续不断地盈利。追销的产品有商品分期和现金分期产品。

做销售其实很简单，有把子力气就可以了，但是营销就不一样了，是在占领客户的心智。作为卡员不要只注重业绩，也要多学习销售理论和营销理念，为将来的发展做准备。

行动练习：

1. 在哪里能获得信用卡客户的鱼塘？

2. 如何精准地获客？

方法九十七　销售彦论

销售有很多方法，有很多绝招，但单单是一些简单的方法和技巧还不足以支撑一个业务人员长期地做好这件事。销售员需要自己的一套方法论，这里面包括方法、技巧、心态、理念。

信用卡中心的从业人员都是半路出家，二把刀的水平，包括这个行业的管理者，也都是工作需要从其他领域安排过来的。经过二十多年的发展，信用卡销售行业逐渐形成了自己的销售形式和管理方法。总的来说信用卡行业的销售重结果轻过程，销售管理重激励轻方法。造成这些问题的原因有很多，首先就是信用卡行业发展太快、太顺利。国内的普惠金融也就是近十年才发展起来的，十年前普通客户获得便利的借贷服务还是不可能的。随着花呗、借呗、微粒贷的普及，还有前几年P2P的发展，普通人借贷才不这么难。信用卡在十年前非常好做的原因首先是它可以让客户非常便利地获得银行的资金。其次就是行业的从业者参差不齐，管理难度大。信用卡团队年龄跨度大，背景复杂，文化程度各异，管理者只能看重结果、轻视过程。最后就是银行垄断地位、官僚体制、缺乏外部的竞争。

目前监管部门还没有放松第三方办理信用卡的权限，必须银行自己成立销售团队。作为一线的销售人员，接触不到有效的销售理论和方法，被管理者用激励榨干激情和梦想后黯然离开这个行业。非常幸运的是我在工作和学习过程中，接触到了销售领域真正的方法论，让有效的方法论支撑了自己长期的销售过程。跟普通的信用卡销售人员相比我是幸运的。下面我就介绍一下这套方法论：

这套方法论的总结者是史彦泽，他是销售易创始人兼CEO，也是国内首个 CEO 脱口秀《销售彦论》的作者。这套方法论的关键词有销售线索、销售漏斗、销售流程、市场自动化、团队打造和复制。

客户为中心式销售流程					
客户购买阶段					
解决方案形成				评估	购买
客户为中心式销售流程					
流程步骤 目标识别	解决方案形成	确定权利支持者	关键人物覆盖	销售流程控制	谈判和签约
销售技巧 同步信任目标识别	方案形成及产品演示	客户甄别	高层洽谈	主动控制流程	谈判
销售工具 成功案例目标菜单	方案形成提词板	客户甄别提词板	方案形成提词板	机会控制提示	谈判立场

销售流程

这套销售方法论是针对大客户，或者客单价比较高的产品构思的。信用卡产品是快消品，没有这么复杂。他山之石，可以攻玉，我还是借鉴了一下其中的一些方法，形成了自己的信用卡销售方法论。首先说一下销售线索，如何能够接触到客户是客户经理的基本功。黄页、信用卡中心的授信名单、客群指引就是销售线索，包括驻点都是在寻找销售线索和意向客户。其次就是销售流程的设计。信用卡销售有没有规律可循？有哪些销售步骤？我最终把信用卡的销售流程分为三步：第一步，找单位和地点；第二步，进门，了解组织架构；第三步，办卡，转介绍。简简单单的三步让我的工作有的放矢，每天做好计划，不迷茫。具体到一些细节，比如销售漏斗，就是哪些客户能成交，怎样成交，需要的话术和礼品，我都会总结出来。

信用卡业务员工作个一两年就差不多了，激情和梦想被榨干了，能晋升的就晋升了，不能晋升的就离开了这个行业，没有一个很好的理念指导自己的工作就是其离开这个行业的一个原因。希望大家及时总结自己的工作心得，让自己的销售方法和理念上升到一个新的高度。

行动练习：

1. 分解优化自己的销售流程。
2. 学习借鉴一些其他行业的销售方法。

方法九十八　营销的野路子

销售的方法有很多，有大家都知道的，也有一些被少数人掌握的销售绝招。信用卡销售也是这样，除了陌拜、电销、驻点、礼品这些常用的方法，还有一些不为人知的方法。我也是在多年的实践工作中了解到的，有些是道听途说，有些是高人指点。这些方法有很多，也许你身边就有，大家可以分享出来，共享资源。

我刚开始做信用卡的时候，听主管讲过，北京、上海的卡员办卡送自行车，七个银行的卡员在一起，一次给客户办七家银行信用卡。能把七个银行组织起来，也不是很容易的事，这个方法现在看起来都是可以用的。我后来准备转行做抵押贷款的时候，听到一个老板说过一个方法，跟这个类似，有异曲同工之妙。这个老板以前是一个记者，负责拎包，没有机会转正，索性就改行了，转到了卡部来上班。聪明人做事就是与众不同，一般卡部要求一天五张件。他不想或者不能办五个客户，但是他想到一个方法，就是找一个想办卡的客户。给他办五张卡，然后找五个同行，每天给他推荐一个客户。相当于只要找一个客户就可以了，跟四个卡部卡员交换一下。

俗话说"同行是冤家"，信用卡行业却是反的，同行是互相帮助，资源共享。这些年听到很多业内传奇人物，有人可以一个月办几千张卡，有人可以搞定一个系统。早年办卡的大神们，有一个厉害的方法，一个人谈单位，然后带几个小弟，可以入职也可以不入职，简单培训就可以上手。大神负责找资源谈单位，小弟负责填资料。这些早年的大哥都是传奇人物，方法就是与众不同。

不得不说做得好的人，都是经过千锤百炼的，或者占据了天时地利人和。超越一般人的成绩，必定付出超过一般人的努力。我听说过一个卡员一个月办了 1200 张卡，他的方法也与众不同。跟普通的卡员不一样，他每天在肯德基办业务，都是上门的客户。什么样的方法能让他这么牛，这就是他的高明之处。他注册几个微信号，然后他的父母和姐姐帮他每天去加人，而他负责编辑文案，发朋友圈。每办一个客户，他再让客户发一下朋友圈。这就是裂变营销吧！关键是他家里人可以帮他去做这件事情，这是难能可贵的。

有些人可能也有资源，但是不一定能用得起来。我曾经介绍了一个人到华夏卡部工作，她爱人是我老乡，公安系统的。后来业绩很好，客户都是公安系统的。很多人业绩很好，他用的方法肯定不一样。同样都是很努力，基础不一样。类似这样的案例很多，可以多打听一下，对自己做营销也是一个启发。

行动练习：

1. 你见过最好的业绩是一个月进件多少？
2. 销冠都有什么性格？

方法九十九　晋升

一个顶尖销售员能力很强，可以以一当十，可以化腐朽为神奇，完成别人完不成的任务，做普通业务员做不到的事。但是一个人干不过一个团队，一个团队干不过一个系统，一个系统干不过一个趋势。

信用卡直销团队也不例外，一个能力超凡的销冠可以力压群雄，但不可能完成一个分中心的任务。业务员最好的职业发展就是成为业务的管理者，成为主管，晋升为经理、总监。

在知乎上看到很多人从事信用卡销售，然后迷茫了，不知道路往何处走，大部分业务员最好的发展也就是晋升了，少部分人转型到其他领域，如贷款、支付、理财经理，但成功的寥寥无几。当你做业务员的时候是在销售产品和服务，提供给客户产品的功能和价值；当你做团队管理者的时候也是在销售，只是这个销售的产品是梦想和机会。

跟很多来应聘的销售员一样，晋升为主管也是九死一生，有很多新的主管，在一年内被淘汰出局。一个业务员一个月可以完成100张进件，20个业务员可以完成2000张进件，看似简单的道理做起来可没那么简单。同样是完成任务和目标，业务员是通过自己的努力，达成目标；主管是靠业务员完成目标。当你做业务员的时候是在激励自己，做自我激励；当你是主管的时候，你是在激励别人。卡员很多时候是自己吃饱就可以了，主管是对上对下、对内对外，虽然是最基层的管理者，但事无巨细。

不管你是在哪个行业，做业务员生命周期都很短，保险行业可能长一点，业务员是吃青春饭的，拼的是体力和精力。年轻人体力和精力肯定好一点，老业务员经验丰富，缺的是时间的投入，年龄大了，家庭琐事多得很，每一样都要处理。

晋升主管的机会一般从新人开始，最长十八个月，最短的三个月。如何成功地晋升并站住脚，可能很多人没有思考过。机会来了，很多人被推到这个位置，然后凭着自己的热情做起来或者被淘汰出局。如果有在卡中心长期工作的想法，想在这一行工作下去，就要早做打算，而不是被动选择。你在做业务员的时候就要下好这一步棋。

单位经常组织内推，主管也会有这方面的要求。做业务员的时候就要学会做招聘，给别人一个机会，也是给自己一个机会。招聘只是其一，帮主管带教新人，辅导新人，为以后带团队做准备。新人来到直销团队是最无助的，当你教会一个新人的时候，以后这个人也可以帮你带人，你的团队组建就快了。多与同行交流，多认识一些同行，组建团队的时候可以挖过来，也可以安排业务员一起搭档。直销团队的组建是一个非常辛苦的过程，耗费精力和心力，带团队最有效的方法就是带梦想。很多人会被困在某一环节出不来，比如招不到人、业绩上不去。但这都不是问题，问题是如何把团队带上一个高度，让团队持续保持活力。这些年看过很多团队的发展，能够激活每个业务员的梦想并且能够搭起一个架构的主管才是好主管，能够长期保持团队的活力，才能业绩长虹。

想在信用卡行业干得长，晋升是必不可少的。

行动练习：

1. 有晋升的打算吗？什么时候开始？
2. 见过最好的主管是什么样子的？

附录一　几次中小学校团办的经历

销冠常用的销售公式：个人业绩 =60% 的顾客接触量 +30% 的销售技巧 +10% 的运气，这就是著名的"631"法则。

信用卡中心开会，表扬先进是主要内容，一般会安排优秀员工分享工作经验。很多优秀的员工也很谦虚，很多时候分享都说自己运气好，然后就办到了。办卡是有运气成分的，问题是如何获得好的运气。当然也有很优秀的员工不分享自己的经验，实际上大家在一个单位还是有竞争关系的。这个道理优秀员工更懂得！但是我希望把自己的经验分享给大家，让信用卡直销行业产生更多优秀的人才。

跟大家分享我的几次学校办卡的经历。

第一次团办学校

我在南京办信用卡和贷款的时候没有系统地办过学校这类客户。

想做学校和开始做学校是受同事的影响，2018 年来到淮安看到同事做学校风生水起，便开始想往学校转型了。

一开始是有一个客户的老婆在学校上班介绍我过去办的，还不太习惯，我去问老师对方也不搭理我。下课学生太吵了，受不了。

有一次我主动要求客户给我介绍单位，客户自己用卡不错，介绍我给他家亲戚办卡，这个老师也用卡。办卡遇到用卡的客户最好了，我跟他说联系几个人，可以走团办，额度会高。我去的时候很顺利，他已经联系了几个老师，都是需要额度的。然后我就顺着额度办了一拨，额度讲完我就开始讲礼品，又吸引一拨老师。在这个过程中，我就开始转介绍了，从安澜路小学转介绍到富士康小学。富士康小学接待我的是校办主管，办起来更加轻松了。除了校长全部问到了。这个学校办得不错，可惜的是后来校办主管给我介绍的学校没有去成，不然就更加完美了。

花开两朵，各表一枝。安澜路小学的介绍人给我介绍了另外一个学校——广州路小学，这个学校当时没有来得及办理，想起来已经过完了暑假。我跟广州路小学的体育老师联系了一下，这个客户也是用卡的，所以很顺利。我们从各个年级和学科开始一步一步到校办，都是很顺利的。广州路小学给我带来了两个收获：第一个是广州路幼儿园，第二个就是开明中学。淮安几个区域小学和幼儿园的关系复杂，淮阴区幼儿园是小学的一部分，这样办起来容易。开发区和清江浦区小学和幼儿园各自独立，不好转介绍。广州路幼儿园用卡的人也不少，再加上关系办起来很顺利。

开明中学是意外的惊喜。在广州路小学总务处碰到这个老师，然后就聊了起来，这个老师也用卡，我就抓住这个机会，正好这个老师没有带身份证，就是带了我也会说需要拍照片或者补材料。这个学校办到最后，去了校长室，校长把我请出来了。后期去开卡很顺利。

安澜路小学办了 80 张，富士康小学办了 60 张，广州路小学办了 50 张，广州路幼儿园办了 20 张左右，开明中学办了 40 张左右。一条销售线索带来了这么多的收获，后期又二次去过安澜路小学和富士康小学，也有一些收获。

其实开发区的学校我不是没想过办卡，我去过管委会的社会事务局和教师发展中心，没有找到线索。

有的时候机会来得比较巧。

第二次团办学校

学校放寒暑假，经过一个假期很多关系都淡了，再次开始办学校已经是一年后了。

这次办学校也是机缘巧合。我的一个同事升主管了，他的客户产生了年费，让我帮助处理投诉。这个事我也没有在意，另外有一个同事需要资源，我们在一起合作办卡。年费有问题的这个客户是会计，让他帮忙介绍，他直接把我们带到办公室主管兼工会主席那里。最后这个学校被我们团办了。

银川路小学在已经被办过一次的情况下，我们一个人又办了二十几张。

淮阴区小学和幼儿园在一起，所以我们顺利地把幼儿园拿下了。当时已经不抱什么希望了，结果发现没有人去那个幼儿园办过卡。

我的转介绍主要是用卡的人群给转介绍，我同事转介绍主要是拿礼品砸。当时跟银川路小学办公室主管聊得很好，这个主管也很给力。当着我们面联系了几个学校，不过都没有成功。有的说办过了，有的说有投诉，问题比较多。我们还是没有放弃，就继续聊天，这时候主管把开会的一个校长拉过来，这个校长说好像办过了。我们死马当活马医，还是要求去一下。去了以后发现确实办过了，而且来了两次。在我们的努力下，一个人办了十几个。因为收获不大，所以我们就又在赵集小学校长身上想办法。最后他把我们介绍到幼儿园和新校区了，这两个地方也被办过，收获不大。

在办卡的过程中，我们了解到有几个村小，这是一个突破口。赵集这个地方很远，当时我们虽然办到了一些卡，但离自己的目标很远，我们就继续要求校长联系村小，于是三个村小也办了。

转介绍这个事情，确实要脸皮厚，一次不行两次，两次不行三次。我们在银川路小学加幼儿园办了 40 张，在赵集办了 50 张。

第三次团办学校

这次团办是从教育局入手的。清江浦区教育局我之前去过，去办卡完全是为了获得资源。运气真不错，虽然前面已有同事来过，但还是有老师对我们的礼品感兴趣，把同事拉过来办卡。利用这个机会，我同事在礼品上下足了功夫，许诺礼品，然后要求转介绍。客户介绍了三个单位：白鹭湖小学、中学和文津路小学。我们在文津路小学又发现了教师进修学校。这个资源开发还是很充分的。客户又把我介绍到淮阴区国税局，收获还是很大的。几个学校加在一起有 60 多件。

第四次团办学校

我们是外地人，如果直接找学校领导谈，估计十有八九不成功。有时候从下往上办也是不错的选择。

有一段时间我们加班比较多，在医院碰到一个客户是淮阴小学的，客户也用卡，我们礼品也到位了。这次团办我参与了一点点，淮阴小学三个校区都被我同事拿下了。

还有一次我的一个兄弟介绍了一个客户，客户是涟水中学的老师。这个学校团办还有一个小插曲。我打车到客户单位，路上看到一起交通事故。到学校门口，我打电话给客户，客户说出了交通事故。你们说巧不巧，我最后还是硬着头皮跟保安说有老师在等我，我就顺利地进去了。这个学校办得很成功，虽然不是领导安排的，但还是比较配合，估计有 120 张左右。高中老师唯一的不好就是不坐班，找人有点难。

最后想说的就是，经常有销冠说运气好，这句话怎么理解？运气这东西很重要，但是快消品这东西靠的是量的积累。只有接触到足够多的人才能谈运气。

　　信用卡销售没有捷径，一分耕耘一分收获。

附录二　公安局和派出所 这类客户怎么办

　　很多人在进信用卡中心之前估计都没进过派出所，公安局就更不要说了。做信用卡的一个好处就是你可以接触到社会的方方面面，很遗憾的是宗教场所不能办，不然可以跟宗教领域的人接触一下。不过宗教事务局我倒是去过几次。

　　我是从贷款这块开始接触公安系统的客户的，没有主做，因为资源的问题。后来我在淮安把公安系统做了一下，也没有做完，因为当时单位进行工资改革把业绩点数下调了。

　　我在淮安公安系统的第一拨客户是警校和派出所，公安局新大楼我虽然知道在哪里但一直没去。后来也是一个客户转介绍，然后就机缘巧合去了。我把这个大楼里里外外像耕地一样耕了三四次。第一遍是自己陌拜，只要是开着的办公室就都逐个敲门。在这个过程中转介绍有但不多，后来有客户热心给我联系了驻点，在一楼食堂驻点，效果不错，把一些没有碰到的客户办了。到了第三遍就是转介绍，主要是用礼品砸，介绍就送礼品。后来客户把我介绍到老大楼，在那里也办了不少。再后来都比较熟悉了，通过客户帮我介绍到派出所的方式办了不少客户，这里面有富城路派出所、深圳路派出所、闸口派出所、高沟派出所、渔市派出所。我自己还陌拜了徐杨派出所、武墩派出所、闸北派出所。

　　派出所肯定是有人安排才比较好办，因为这种地方领导说了算。不管是公安局还是派出所，辅警的人数都不少，所以要记得把辅警也办一下。公安系统好办的原因，我觉得是人比较豪爽，而且用钱的人也多。

附录三 信用卡销售异议十问十答标准版

1. 我有你们银行的信用卡了

参考话术：感谢您对我们银行的信任和支持，您的卡平时用起来还可以吧？有没有什么问题呢？最近有很多市场活动，其中不少是老客户专享的，我给您介绍一下吧（针对有卡客户要做简单的回访工作，了解用卡情况，有问题及时处理解决。同时，给客户递一张最新宣传折页或者打开App，介绍最新活动，指导如何用卡。对于客户来说，边听边看，视觉冲击与听觉冲击双重结合可信度更高，更能拉近彼此距离，为下一步转介绍奠定基础）。

你们办公室谁还没有办过的，帮我介绍下呗（现场转介绍，以点带面）。

您加一下我的微信吧，以后有任何信用卡或者银行业务方面的问题，都可以随时咨询我（主动加客户微信，保持联系）。

以后要是您有同事或朋友要办卡的，记得找我哦（转介绍提醒）。

2. 我的信用卡太多，不想办了

参考话术：可以理解，像您这样的优质客户，每家银行肯定都是抢着给您发卡的（赞美客户）。那您大概有几张信用卡呢？（提问延续话题，等客户回答后，无论是几张，其实都没关系，都可以接着往

下说）

继续询问型：那您平时更喜欢用哪张卡呢？（客户回答后，要先表示赞同，赢得好感）××银行的卡确实挺好的，我自己也在用；不过我们××行的××卡其实也蛮不错的（介绍一两种恰当的权益，如首刷送拉杆箱、8元看电影、5元洗车，迅速吸引客户注意，引起客户兴趣），多一张卡，又多了一种选择不是，您可以专卡专用嘛。

转换思路型：果然，像您这么好的资质，要是卡少了才怪呢，是不是卡太多了就感觉还款老是容易记混啊？给您推荐一款App：云闪付，您可以把所有信用卡都绑到这上面，设置好还款提醒，便于您管理。还有，您可以试着注销那些额度较低、活动较少、用得比较少的卡，腾出空间和精力来办理活动多、额度高的信用卡。您看咱们××银行的信用卡，活动真的很丰富，额度也比较高，您真的可以办一张（转换话题，试探其他的切入点，曲线救国）。

果断刺激型：您看哈，办卡又不像买东西，还要花钱。您大可以再办一张我们的卡试试看，到底哪一家的卡更好用？实在不行最后销几张不就行了嘛。要不您现在仔细回想一下，您的卡里面有没有额度低的？活动很少的？服务不好的？（刺激客户，没有哪个银行的信用卡是"完美"的）

试探需求型：果然，像您这样的优质客户，有×张卡一点都不奇怪。我们银行最近搞活动，办卡就有×××可以送，还有日常丰富多样的市场活动可以享受，真心不错（通过观察，试探需求点）。

创造需求型：咱们银行的信用卡免息期是最长的，可达××天。超市、加油站、餐饮、电影院、线上购物等优惠活动门店遍布全国各地，最大限度地帮您节省日常开支，比如京东满60元减30元、美团五折购、5元洗车、8元观影，积分还可以兑换星巴克和肯德基优惠券哟，这些都非常实用，总有几款适合您，您看您单位附近就有这么多家我们的合作商户，真的很方便。咱们 × × 银行信用卡贴近生活的方方面面，真心建议您办理使用（去客户单位之前，先搜索附近合作商户，有针对性地向客户营销，各种类型的活动都讲解一遍，察言观色，积极与客户互动，一般来说客户主动询问的活动就是客户的需求点，这个时候一定要运用好我们的专业知识圆满地讲解，让客户感受到我们的专业，以此成功营销）。

3. 你们银行的额度太低了

参考话术：这样啊，您的卡额度是多少？（并不是所有客户都有我行卡）

（1）客户有我行卡。不知道您这张卡是什么时候办的呢？您那个时候办理信用卡的时候都提交什么材料呢？（通过询问，看看客户的额度低大概是什么原因造成的，可以指导客户登录银行 App，如"邮储信用卡"：首页—更多服务—额度调整，无论提额与否，重点是让客户感受到我们的真诚。如果是前端营销或时间原因，那么可以让客户再次办理或者多场景消费使用并保持良好的还款记录以便更快提额。如果是我们无法控制的一些原因，可以移情处理，先安抚好客户的情绪，然后耐心向客户讲解信用卡的好处，强调额度低只是暂时的，涨额度是必然的）

（2）客户没有我行卡。第一种回答：您看，就像您刚刚说的，您的同事额度确实不高。但是您也知道，每个人的基本情况是不一样的，比方说年龄、收入、学历、工龄、工种、职务等，额度自然就不一样。所以，您同事的额度不是很理想，并不代表您的额度就不会高啊。先办了试一下呗，您出示一下身份证，几分钟就办完（打消疑虑，快速促成）。

第二种回答：老师我也希望您的额度高一点，我还想着您给我介

绍客户呢，我会帮您把资料填写完整详细，您先把身份证给我（假设
成交把身份证攥在手里避免他反悔离开），还可以提供一些财力证明，
有利于您下卡的额度。请问您名下有车吗？有房贷吗？公司有缴纳社
保公积金吗？（同时准备好纸质合约和签字笔）请在这里签名，正楷
书写，利于审批下卡。这张卡片没有年费（再次告知免年费，不会给
他带来任何损失），您收到卡片的第一时间给我打电话，我给您答疑
解惑，帮助您合理用卡，额度会更高的（不管下卡额度高低，只要维
护好客户，肯定是能开卡用卡的）。

4. 信用卡用了还得还，太麻烦了

参考话术：您的顾虑很有道理，我很能理解，其实很多人在没有
使用信用卡之前都有这方面的担心（第一时间理解和认同客户）。

不过现在信用卡还款真的非常简单方便，您不是有我行的借记卡
吗，只要绑定一下自动还款，就再也不用操心还款的事了（借记卡
客户）。

不过现在信用卡还款真的非常简单方便，微信、支付宝、手机银
行、云闪付都可以还，这些软件您平时有在用吧？（通过提问，找到
可以介绍的相关还款方式）

不过现在信用卡还款真的非常简单方便，我们银行的信用卡还
款方式有十几种呢，我相信总有一种适合您的，比方说（简单介
绍）……您更习惯用哪种方式呢，我给您详细介绍一下……（通过讲
解，找到可以介绍的相关还款方式）

5. 有了信用卡我就管不住自己了，不敢用

参考话术：您的顾虑我很能理解。从您的担心可以看出，您其实
是非常理性的（赞美客户）。但是信用卡本身只是一种支付工具，关

键还是看谁用。就好像有的人玩手机能上瘾，我们也不能怪手机啊。另外，我们 ×× 银行与全国很多商家都有合作，囊括超市、加油站、电影院、餐饮、京东、本来生活等，您完全可以把这张信用卡当成一张打折卡，让它成为您节省日常开支的有力武器（通过市场活动诱导客户）。话又说回来，信用卡每个月都有非常详细的账单，我们的每一笔支出都一目了然，这其实更有助于我们培养良好的消费习惯和理财习惯。您说对不？（观察客户的反应，如果客户有一些动摇，就继续进行介绍，此时最好用讲故事的方式继续）

举例：其实我以前没用信用卡的时候也有过和您一样的担心，不过现在好几年过去了，担心的事情完全没有发生，并且好多时候我都发现，在用卡的过程中还帮我节省了很多钱，就像前几天，我和几个朋友去……（配一个优惠场景，比方说周五满 100 元减 50 元）

6. 我现在有点事，再考虑考虑吧

参考话术：

直接促成版：我知道您很忙，不过您看今天也是难得，而且办张卡就几分钟，非常方便，您就动动嘴，我帮您录入信息就行（观察客户反应，如果客户提出具体异议，那么继续处理）。

继续提问版：您再考虑一下是对的，俗话说小心驶得万年船嘛（认同、赞美客户，降低客户心理防御），那您现在有几张卡？平时常用哪一张？（提问，继续进行问题检测，看准问题再伺机促成）

间接利诱版：您考虑一下是应该的（认同、赞美客户，降低客户心理防御），但是我们现在刚好有一个活动，办卡就有 ××× 可以送，这个活动下个月就没有了（观察客户，伺机促成或继续提问）。

霸道威逼版：这有啥好考虑的，办张信用卡是银行给您钱花，又不是让您掏钱买东西，您手机号码多少，我帮您录入一下？（如果观

察客户性格偏软，适当的霸道强势有时候反而更有效）

7. 平时有支付宝和微信就够了，用不到信用卡

参考话术：确实如此，现在支付宝和微信真心很方便，我自己平时也用支付宝和微信（第一时间认同客户）。不过，支付宝和微信说白了只是支付手段，花的钱还是咱们自己的，对吧？（如果客户没有明显反对）我们有了信用卡，照样可以把卡绑定在支付宝和微信上（同时可以拿出自己的手机展示给客户），这样用起来还是一样的，您想用支付宝就用支付宝，想用微信就用微信（如果客户说花呗也挺好的，够用）。没错，现在用花呗确实很方便。既然您都愿意用花呗了，说明您对信用消费是很认可的。其实花呗和信用卡也没啥区别。不过用信用卡一方面可以享受到银行的各种优惠，比如 × 块钱看电影、× 块钱洗车，相信花呗没有吧。另一方面用信用卡还可以累积自己的信用，花呗积累的芝麻信用央行是不认可的哦（如果客户认同，就可以促成了）。

8. 你们银行的卡不行，还是 ×× 银行的卡好用

参考话术：确实，×× 银行的信用卡真的挺不错的，我自己也在用（先认同客户）。不知道您是比较喜欢 ×× 行卡的哪些方面呢？（提问，了解客户的需求）

举例：（如果是活动）是的，×× 银行的 ×× 活动确实不错，我也参加过，看来您很熟悉 ×× 行卡。不过我们 ×× 行的 ×× 活动也挺不错的（讲解活动的利益点，激发客户的潜在需求），而且多一张卡，就多一些优惠，何乐而不为呢？（观察客户，促成或继续介绍）

是的，×× 银行的额度蛮不错的，不知道您 ×× 银行的卡额度大概是多少呢？（如果是额度）

确实蛮不错的，不过我们 ×× 行现在的额度也不错，而且我们在发卡的时候也会参考您其他银行的信用卡额度，相信您要是现在办我们的卡，额度肯定不会让您失望的，而且多一张卡就又多了几万元额度不是（观察客户，促成或继续介绍）。

9. 还要填联系人的电话啊，你们要给他们打电话吗？这个我不想填

参考话术：是这样的，首先您不用担心，我们不会给他们打电话。我们之所以需要您提供这些信息，也是出于安全的考虑。比方说，万一您的卡丢了或者要修改什么信息，我们银行也会跟您核实一些资料，您填的联系人都是您的隐私，一般情况下外人是不可能知道的，我们也是对您负责啊（从客户的立场出发，打消客户疑虑）。

10. 我不喜欢你们卡片的样子

参考话术：我非常理解您的想法，也感谢您对我行产品提出的建议。不过，我们银行的信用卡产品种类还是挺丰富的，我给您看看我们卡片的全家福，我相信总有一款符合您的气质（如果客户犹豫不决，可以留意客户眼神停留处，结合卡片专享活动向客户主动推荐介绍，快速促成）。

后 记

当你看到这里的时候，我相信你对信用卡销售行业已经有了大概的了解。信用卡销售行业被很多人说成没有什么技术含量的行业。如果你自己也这么认为，那么信用卡的销售工作也就不过如此，就是找个商户或者加油站驻个点，来一个问一个赚点小钱罢了。但事实并非如此。

信用卡是很好的一张名片，可以让你去敲开任何一扇门。从大领导、大老板到"贩夫走卒"，利用本书提到的人际关系和谈判技巧跟任何人都可以成功交易。

"纸上得来终觉浅，绝知此事要躬行。"信用卡销售虽然是简单的销售，但没有个三五年时间、一两万个客户，也不一定能体会到其中的奥妙。

信用卡销售行业受限制的地方比较多，毕竟是金融产品，监管比较严，需要亲力亲为。在互联网大行其道的年代，这种销售方式在一二线城市已经落后了不少。

信用卡产品在银行毕竟是简单产品，虽然目前各家银行都在大力发展零售业务，在销售方式和工资待遇上一直举步不前。很多信用卡销售的老人都已经离开了这个行业。不管是业务员、主管、经理，还是卡部负责人。付出和收入不成比例是一个很重要的原因。将来一定有更好的信用卡销售方式等着大家去发现。

　　长江后浪推前浪，希望新进入这个行业的人，在老的信用卡销售方法基础上开发出更好的信用卡销售方式。

　　欢迎关注我的公众号"卡员商校"与知乎账号"卡员商校展哥"。

作品登记证书

No. 01828915

登 记 号： 国作登字-2022-A-10274502

作品名称： 《信用卡的团办营销技巧》　　作品类别： 文字作品

作　　者： 展亮　　　　　　　　　　　著作权人： 展亮

创作完成日期： 2022年03月01日　　　首次发表日期： 2022年09月20日

　　以上事项，由展亮申请，经中国版权保护中心审核，根据《作品自愿登记试行办法》规定，予以登记。

登记日期： 2022年12月23日　　　　　登记机构签章

中华人民共和国国家版权局统一监制